# 서동욱의 진심

# 서동욱의 진심

서동욱 자전에세이

도서출판 은빛

추천사

# 「서동욱의 진심」 출판을 축하드립니다

**이학영**
국회부의장

지난 오랜 세월 순천을 지키고 있는 서동욱 의원님을 생각하면 늘 감사하는 마음이 앞섭니다. 대한민국의 민주주의와 지방자치 발전을 위해 젊은 대학생 시절부터 5선의 지방의원이 되기까지 단 한 번도 비켜서지 않고 꿋꿋하게 현장을 잘 지켜주고 있기 때문입니다.

그를 처음 만났던 때가 87년 6월항쟁의 열기가 뜨거웠던 시절이었습니다. 저는 당시 순천YMCA 간사로서 일할 때였습니다. 그때 그는 순천대학생으로서 학내민주화운동을 해왔고 그 지도력을 인정받아 순천대학교 총학생회장이 되었습니다. 이후 지방자치 운동에 뛰어들어 순천시의원, 전남도의원을 역임하며 장기간 차분하게 지방자치 현장에서 실력을 인정받았고 그 결과 전남도의회를 이끄는 도의회 의장으로서 역할을 하기에 이르렀습니다.

절대 쉽지 않은 길을 걸어왔을 것입니다. 그렇게 되기까지는 남다른 그의 역할이 있었을 것입니다. 정치 현장에서 오래 일할 수 있다는 것은 정말 어려운 일입니다. 늘 바라보는 수많은 유권자에게 평가를 받아야 하기 때문입니다. 그 비밀이 무엇인지 저도 궁금합니다.

아마 그가 쓴 「서동욱의 진심」을 읽어보면 알 수 있을 것 같습니다. 서동욱 의원이 걸어온 그 길, 분명히 남다른 서동욱만의 품성과 노력이 있었을 것입니다. 언제 보아도 겸손하고 부드러운 그의 미소를 보면서 그를 지금까지 지켜준 순천시민들의 사랑이 그렇게 만들었구나 생각해봅니다.

그를 잘 지켜준 순천 시민 여러분들께 감사드립니다.

사람이 편안하고 행복한 순천을 만들고자 애쓰시는 시민 여러분들께 감사드립니다.

여러분과 함께 걸어가는 서동욱 의원에게도 감사 인사를 드립니다.

추천사

# 지역이 나아갈 방향을 바르게 가리키는 나침반

**김영록**
전남도지사

순천시민을 향한 서동욱 전라남도의원님의 진심이 담긴 「서동욱의 진심」이 발간되었습니다. 의원님의 인생의 궤적이 담긴 소중한 책이 출간된 것에 따뜻한 축하의 말씀을 드립니다.

서동욱 의원님은 12대 전라남도의회 전반기 의장직을 맡아 2년간 저와 함께 전라남도를 이끄셨습니다. 의원님께서 보여주셨던 열정과 성실함을 동력으로 도정 발전을 향해 함께 노력했습니다.

이러한 과정에서 지켜본 서동욱 의원님은 시민만을 바라보신 진심의 정치인이었습니다. 불통이 아닌 소통으로, 독단이 아닌 공감으로 시민들과 하나 되는 모습에 그가 순천시와 시민 앞에 얼마나 진심인지를 느낄 수 있었습니다.

서동욱 의원님은 순천에서 나고 자란 순천 토박이입니다. 학창 시절 학교 부정시험 사건을 마주하며 정의가 작동하지 않는 현실에 눈뜨게 되었고, 1987년 6월 항쟁을 몸소 겪으며 민주화 운동에 뛰어들었습니다.

이후 순천대학교 총학생회장 출신이라는 타이틀로 더 높은 곳으로 나아갈 수 있었었을텐데도 고향 땅을 지키며 고향에서 봉사하는 길을 택했습니다. 정치인의 길을 걸으면서도 사회 부조리에 맞섰고, 지역의 아픈 역사인 여순사건의 진상규명과 명예회복에도 노력하셨습니다.

「서동욱의 진심」은 순천에 대한 그의 진심 가득한 마음이 담긴 의미 있는 기록입니다. 또한 시민이 주인이 되는 도시를 만들 비전과 철학도 담겨 있어 앞으로 지역이 나아갈 방향을 바르게 가리키는 나침반이 되어주리라 믿습니다.

다시 한번 뜻깊은 출간을 축하드리면서, 서동욱 의원님의 앞날에더 큰 영광이 함께하길 기원합니다.

추천사

# 우리 지역의 내일을 함께 그려보는 대화의 자리

**김태균**
전남도의회 의장

순천의 삶과 고민이 고스란히 담긴 서동욱 전임 의장님의 자전 에세이, 『서동욱의 진심』 출판을 진심으로 축하드립니다.

이 책에서 저자는 민주주의의 현장과 노동의 삶을 통해 체감한 시대의 과제들을 가감 없이 기록했습니다. 20년이 넘는 시간 동안 시의원과 도의원으로 활동하며 그가 일관되게 고민해 온 공적 책임의 본질이 무엇인지 책장마다 깊이 있게 묻고 있습니다.

책 곳곳에는 '무엇이 옳은가'보다 '무엇이 필요한가'를 먼저 묻는 저자의 태도가 담겨 있습니다. 선택의 순간마다 스스로에게 질문을 던지고 시간이 지나도 흔들리지 않을 기준을 세우려 했던 고민이 차분히 전해질 것입니다.

또한 우리 공동체가 함께 지켜야 할 가치가 무엇인지 질문을 던집니다. 시민이 정책의 대상이 아니라 주체가 될 때, 정치는 비로소 지역 공동체를 만들어 갈 수 있다는 메시지는 우리 사회에 의미 있는 울림을 줄 것입니다. 『서동욱의 진심』이 순천을 아끼는 많은 분께 공감을 전하고, 우리 지역의 내일을 함께 그려보는 대화의 계기가 되길 바랍니다.

# 지역사회의 미래 밝히는 등불이기를…

**김대중**
전남교육감

서동욱 의원님의 자전 에세이 '서동욱의 진심' 출간을 전남교육 가족과 더불어 진심으로 축하드립니다.

제12대 전남도의회는 끊임없는 소통과 열린 의정활동으로 도민에게 희망을 안기고 믿음을 심어주었습니다. 건전한 비판과 견제, 효과적인 정책과 대안 제시 등 '일하는 의회상'을 정립하였습니다. 서동욱 의원님도 그 일원으로 지역 발전과 지역민의 행복한 삶을 구현하는 데 앞장서셨습니다. 특히, 전반기 2년 동안은 의장 역할을 성실히 수행하며 의회를 이끄셨습니다.

서동욱 의원님은 평소 현장을 중시하고 늘 시민의 편에 서는 정치를 실천해 오셨습니다. 고향 순천을 지키며, 시민의 더 나은 삶과 행복을 위한 정치에 온몸을 바치셨습니다. 또한 전남교육이 시대적 과제인 대전환을 이루고 미래로 나아가는 데도 큰 힘이 되어주었습니다. 전남교육은 도의회의 도움 덕분에 학생 수 감소라는 위기를 딛고 미래의 희망을 키워갈 수 있게 되었습니다. 학교는 배움에 더 집중하고, 지역은 교육과 더 가까워졌으며, 아이들은 더 넓은 세상과 연결되었습니다. 관심과 협력에 다시 한번 감사드립니다.

이 책은 서동욱 의원님의 이런 정치역정과 삶의 발자취를 진솔하게 풀어낸 자전적 에세이입니다. 서동욱 의원님의 진심과 정치철학이 오롯이 담겨 있는 이 책이 지역사회 공동체에 희망을 심어주고, 미래로 나아가는 길을 밝히는 등불이 되어주기를 바랍니다.

자서전 출간을 다시 한번 축하드리며, 서동욱 의원님의 앞날에 더 큰 발전과 영광이 함께 하기를 기원합니다.

추천사

# 시민이 주인되는 순천의 든든한 길잡이

**권향엽**
순천·광양·곡성·구례(을)국회의원 / 더불어민주당 조직사무부총장

서동욱 전 전라남도의회 의장님의 자전 에세이 「서동욱의 진심」 출간을 진심으로 축하드립니다.

이 책은 한 정치인의 개인사가 아니라, 순천이라는 도시와 시민을 향해 걸어온 20여 년 현장의 기록이자 정치의 본질에 대한 진심 어린 고백이라 생각합니다. 거리에서 민주주의를 배우고, 노동 현장에서 현실을 마주하며, 시의원·도의원·전반기 의장으로 이어진 시간 속에서 서동욱 의원님은 늘 같은 질문을 던져 오셨습니다.

"이 결정이 과연 시민의 삶을 나아지게 하는가." 책의 각 페이지마다 담긴 진심의 이야기는 시민의 목소리에 귀 기울이는 정치, 약속을 지키는 정치, 권한을 내려놓고 책임을 나누는 정치가 무엇인지를 차분하지만 분명하게 보여주고 있습니다.

특히 20년 만에 탄생한 순천 출신 전라남도의회 의장으로서 일하는 의회, 공부하는 의회, 전남 동부청사의 새로운 도약, 국립의과대학 유치의 불씨, 도의회 청렴도 1등급 달성까지 이끌어 낸 과정은 지방자치가 나아가야 할 방향을 분명히 제시하고 있습니다.

무엇보다 인상 깊은 점은 개발과 성장의 논리 앞에서도 끝까지"시민이 주인인가"를 묻는 정치의 태도입니다. 개발이익은 시민에게 돌아가야 한다는 신념, 작은 학교 하나라도 마을과 함께 살리려는 집요함, 불편하더라도 꼭 필요한 질문을 던지는 용기는 지금 순천이 다시 새겨야 할 소중한 가치입니다. 이 책이 시민이 주인이 되는 순천, 사람이 중심이 되는 도시로 나아가는 데 든든한 길잡이가 되기를 기대합니다.

출판을 다시 한번 진심으로 축하드리며, 서동욱 의원님의 진심 어린 도전과 걸음에 따뜻한 응원의 마음을 보냅니다.

차례

## Chapter Ⅲ 정치는 현장에서 완성된다



## Chapter Ⅳ 20년 만에 탄생한 순천 출신 도의장



## Chapter Ⅴ 시민이 주인이 되는 순천

# 시민이 주인이 되는 도시로

나는 순천에서 태어나 순천에서 자랐고, 지금까지 한 번도 이 도시를 떠나 본 적이 없다. 정치를 하며 중앙으로 가라는 권유를 받을 때도 있었지만, 내 시선은 늘 이곳에 머물러 있었다. 삶이 있고, 사람이 있고, 갈등과 가능성이 동시에 숨 쉬는 곳. 정치는 결국 그 현장에서 시작되고, 그곳으로 되돌아와야 한다고 믿어 왔기 때문이다.

대학 시절 거리에서 민주주의를 배웠고, 노동 현장에서 현실의 벽을 만났다. 이후 제도권 정치로 들어와 시의원으로, 국회의원 보좌관으로, 그리고 전라남도의원으로 20년이 넘는 시간을 보냈다. 예산과 조례를 다뤘고, 수많은 민원을 들었으며, 어떤 결정 하나가 사람의 삶을 어떻게 바꾸는지를 현장에서 지켜봤다. 정치가 추상이 아니라는 사실, 말 한마디와 서명 하나가 누군가의 일상을 송두리째 바꿀 수 있다는 사실을 그 시간 속에서 배웠다.

정치의 자리는 바뀌었지만, 한 가지 질문은 늘 같았다.

"이 결정은 시민의 삶을 실제로 나아지게 하는가?"

나는 늘 시민의 편에 서고자 했다. 쉬운 길보다는 돌아가는 길을 택했고, 당장의 박수보다 시간이 지나도 남는 신뢰를 선택했다. 그래서 개발 이익은 다시 시민에게 돌아가야 한다고 말했고, 작은 학교 하나라도 마을과 함께 살릴 방법을 찾자고 주장했으며, 의회의 권한은 나누어야 한다고 믿었다. 때로는 불편한 질문을 던졌고, 때로는 갈등의 한가운데에 서기도 했다. 그러나 한 번 한 약속은 지키려고 애썼고, 말은 쉽게 바꾸지 않으려 노력했다.

지금 순천은 중요한 갈림길 앞에 서 있다. 도시의 외형은 커졌지만, 시민의 목소리가 그만큼 반영되고 있는지는 스스로에게 물어야 할 시점이다. 갈등은 쌓여가고, 민원은 해결되지 않은 채 되돌아온다. 절차는 있지만 경청은 부족하고, 결정은 빠르지만 설명은 충분하지 않다. 시민이 정책의 대상이 되는 순간, 도시는 멀어진다. 나는 그 거리를 줄이고 싶다.

시민이 주인이 되는 시정을 만들어 보고 싶다. 20여 년 동안 배워 온 제도와 행정의 언어, 의회와 집행부를 모두 경험한 정치의 시간, 그리고 무엇보다 현장에서 시민과 부딪히며 쌓아온 신뢰를 바탕으로 순천의 다음 단계를 열어가고자 한다.

정치는 결국 사람의 삶을 다루는 일이다. 그리고 도시는 시민의 것이다. 순천을 사람 냄새 물씬 나는 따뜻한 공동체로 만드는 것, 그것이 내가 정치를 하는 이유다.

# Chapter I

# 순천에서
# 인물 자랑하지 마라

# 1. 순천, 사람들이 모이는 곳

## 인재들이 많은 고장

벌교에서 주먹 자랑하지 말고
여수에서 돈 자랑, 멋 자랑하지 말고
순천에서 인물 자랑하지 마라

전라도에는 이렇게 세 가지 '하지 마라'는 말로 끝나는 유명한 조언이 있다. 언제부터 시작됐는지 알 수 없으나, 속담처럼, 농담처럼, 때로는 조심스러운 경계의 말처럼 사람들의 입에서 입으로 전해져 내려왔다. 너무나 단순하고 직설적인 표현이어서 조금은 투박해 보이기도 하지만 이 세 문장 속에는 각 지역마다의 특성과 기질, 혹은 자부심이 절묘하게 담겨 있다. 그래서 그 지역 사람들, 혹은 그 지역을 겪어 본 사람이라면 누구라도 고개를 끄덕이게 만드는 묘한 설득력을 지니고 있다.

나 역시 순천에서 나고 자란 토박이로서 이 말을 수없이 들어왔다. 다른 지역에서 순천을 찾아온 외지인들을 처음 만날 때나 타지에서 순천 사람이라고 내 자신을 소개하고 났을 때 첫 만남의 어색한 분위기를 풀기 위한 가벼운 대화 소재로 이런 질문이 종종 이어지기도 했다.

"순천에서 인물 자랑하지 말라는 걸 보니, 순천에 미인이 많은가 봅니다."

물론, 순천에는 눈에 띄는 미모를 가진 예쁜 여자들이 많다. 하지만 순천의 '인물' 자랑 이야기는 외모를 넘어, 사람 그 자체, 곧 인재를 가리키는 의미로 보는 것이 훨씬 타당하다. 순천은 사람이 모이고, 또 사람을 키워 내는 고장으로 인정을 받아 왔다.

사실 순천이라는 이름 자체에도 이런 특성이 담겨 있다. 순천은 이름만 들으면 뭔가 순둥순둥하고 부드러울 것 같기만 한 이미지이지만 실상은 그 반대에 가깝다. 조정래 작가의 《태백산맥》에도 순천의 이름에 대한 이야기가 나온다.

순천에는 타관사람들이 돈푼깨나 들고 들어와서 꼭 맨주먹으로 떠나야 하는 곳이라는 점이었다. 원래 순천(順天)이란 이름은 그 지세가 억센 탓에 사람의 힘으로는 안 되고 '하늘의 힘으로나 순하게 다스려야 한다'고 붙여진 것이라 했다.

– 조정래의 《태백산맥》 중에서

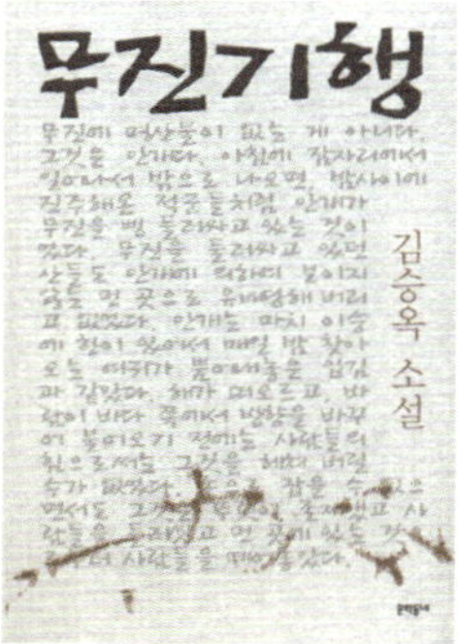

순천을 무대로 삼은 《무진기행》과 《태백산맥》. 우리 지역의 자랑이다.

이 이야기가 역사적 사실인지는 알 수 없지만, 순천 사람들의 기질을 잘 보여주는 표현이라고 생각한다. 순천 사람들은 겉으로는 온화해 보이지만 속으로는 강단이 있고, 자신의 소신을 굽히지 않는 기개가 있다. 그런 기질이 모여서 인재를 키워내는 토양이 되었을 것이다.

일제 강점기를 거치면서 순천은 전라남도 동부의 중심 지역으로 급성장했다. 경상도와 전라도를 연결하는 경전선(慶全線) 철도와 전라북도와 전라남도를 연결하는 전라선(全羅線) 철도가 만나는 교통의 요충지였기 때문이다. 여수나 고흥, 보성, 장흥 등 전라남도 동부권 일대에서 서울이나 부산, 광주 등 다른 지역으로 가려면 일단 순천을 거쳐야 했다. 일제 강점기 시절 호남 지역 철도청이 있던 곳이 바로 순천이라는 것만 봐도, 지리적 요충지로서 순천의 위상을 짐작할 수 있다.

철도는 지역과 지역을 잇는 중요한 교통망일 뿐 아니라, 사람과 다양한 생각, 새로운 시대의 움직임이 교차하는 통로 역할을 한다. 철도를 따라서 사람들이 모여들었고 사람들이 모이다 보니 학교도 늘어났다. 그리고 학교가 늘어나면서 자연스럽게 순천은 교육의 중심지로 자리매김하게 되었다.

전라남도 동부 인근 지역에서 초·중학교를 졸업하면 고등학교는 멀리 순천으로 보내는 집들이 많았다. 그 때문에 순천은 호남의 대표적인 교육 도시로 각광을 받았다. 교육열이 높은 부모들이 자녀 교육을 위해 순천으로 이주하는 경우도 적지 않았다.

사람들이 많이 오고가고 학교도 많다 보니 자연스럽게 뛰어난 인재들도 많이 배출되었다. 우리가 쉽게 알 수 있는 인물로는 소설《태백산맥》을 쓴 조정래 작가,《무진기행》을 쓴 김승옥 작가가 대표적인 순천 출신 '인물'들이다. 이들은 단순히 순천 출신이라는 것을 넘어, 자신들의 작품 속에 순천의 풍경과 정서를 녹여냈다. 그들의 문학 작품을 읽다 보면 순천이라는 도시가 어떤 곳인지, 그곳에 사는 사람들이 어떤 삶을 살아가는지를 자연스럽게 느낄 수 있다.

## 철도를 넘어, 자연으로

요즘 순천은 과거에 비해 교통 요충지로서의 중요성은 다소 줄었지만 그래도 여전히 교통 좋고, 살기 좋은 곳이라는 인식이 많이 남아 있다. 무엇보다 순천만이라는 자연환경이 있어서 또 다른 의미에서 사람들을 많이 끌어모으는 공간이 되었다.

순천만 갯벌과 갈대밭은 세계적인 생태 관광 명소로 자리잡은 지오래다. 이곳은 철새와 다양한 생물들이 어우러지는 곳으로, 순천만 자체가 하나의 자연적 '사람 모이는 장소'가 되었다. 매년 겨울이면 흑두루미를 비롯한 수많은 철새들이 이곳을 찾아온다. 갈대밭 사이로 난 나무 데크 길을 걸으며 석양을 바라보는 풍경은 순천만을 찾는 이들에게 잊지 못할 경험을 선사한다.

특히 순천만의 안개는 많은 예술가들에게 영감을 주었다. 김승옥 작가가 쓴 소설《무진기행》속에 등장하는 '무진'이라는 도시는 가상의 도시로 작가가 자란 전남 순천을 모델로 한 것으로 알려져 있다.

"무진엔 명산물이…… 뭐 별로 없지요?"

《무진기행》에는 등장 인물들이 무진에 대해 이야기를 나누는 부분이 나오는데 그 특성이 순천과 꼭 닮았다. 바다 근처에 있지만 수심이 얕아서 항구로 발전하기 어렵고, 농촌이라고 하기에는 이렇다 할 평야가 있는 것도 아니고 명산물도 없는데 사람들이 어떻게 살아가는지 궁금해하는 장면이 나온다. 작가는 무진의 명산물로 바로 이 '안개'를 언급한다.

무진에 명산물이 없는 게 아니다. 나는 그것이 무엇인지 알고 있다. 그것은 안개다. 아침에 잠자리에서 일어나서 밖으로 나오면, 밤사이에 진주해온 적군들처럼 안개가 무진을 빙 둘러싸고 있는 것이었다. 무진을 둘러싸고 있던 산들도 안개에 의하여 보이지 않는 먼 곳으로 유배당해버리고 없었다. 안개는 마치 이승에 한이 있어서 매일 밤 찾아오는 여귀(女鬼)가 뿜어내놓은 입김과 같았다. 해가 떠오르고, 바람이 바다 쪽에서 방향을 바꾸어 불어오기 전에는 사람들의 힘으로써는 그것을 헤쳐버릴 수가 없었다. 손으로 잡을 수 없으면서도 그것은 뚜렷이 존재했고 사람들을 둘러쌌고 먼 곳에 있는 것으로부터 사람들을 떼어놓았다. 안개, 무진의 안개, 무진의 아침에 사람들이 만나는 안개, 사람들로 하여금 해를, 바람을 간절히 부르게 하는 무진의 안개, 그것이 무진의 명산물이 아닐 수 있을까!

– 김승옥의 《무진기행》 중에서

작품 곳곳에 등장하는 안개 낀 풍경이 바로 순천만의 안개를 모티브로 삼았던 것으로 알고 있다. 실제로 순천만을 찾아본 사람이라면 누구나 이 안개의 신비로움을 경험했을 것이다. 갯벌 위를 뒤덮은 안개는 시간의 흐름이  멈춘 듯한 착각을 불러일으킨다.

자연뿐 아니라, 국가정원과 생태 공원, 낙안읍성 민속마을, 선암사 같은 역사·문화 공간도 순천이 가진 매력이다. 낙안읍성은 조선 시대 읍성의 원형을 그대로 간직하고 있어 역사 교육의 현장으로도 활용되고 있으며, 선암사는 한국 불교 사찰의 아름다움을 고스란히 보여

여수 흥국사 계곡에서 가족 나들이.

주는 명소다.

특히 2023년 한 해 동안 순천만 국가 정원과 순천만 습지를 찾은 입장객은 778만 명으로 전국 2700여 개 관광지점 중 가장 많은 것으로 나타났다. 이것은 사람들 많이 가기로 소문난 에버랜드보다도 많은 숫자였다. 물론 그 해 순천만 국제 정원 박람회라는 큰 행사가 열렸던 영향이 있긴 했지만 그다음 해에도 440만 명 정도가 찾아, 전국의 유명 관광지점 중 다섯 손가락 안에 꼽히는 성과를 거두었다.

순천은 주변 도시들과 비교해 볼 때 산업 면에서는 크게 부상하지 못했지만, 자연과 삶의 여유를 찾는 사람들에게는 '다시 머물고 싶은 도시'라는 평가를 받는다. 주변의 여수·광양 등 산업 단지에서 일하는 사람들이 순천을 거주지로 선택하는 이유도 많다. 직장은 여수나 광양에 두고, 삶의 터전은 순천에 마련하는 것이다. 이는 순천이 일과 삶의 균형을 추구하는 사람들에게 최적의 조건을 갖추고 있다는 반증이기도 하다.

## 작고 사소한 것이 소중하다

나는 1969년 바로 이곳 순천시 별량면에서 태어났다. 내가 태어날 당시는 승주군에 속해 있었다. 순천만에 인접해 있는 갯벌 마을로 몇 발자국만 나가면 바로 바다가 보이는 곳이다. 하지만 철도 공무원이었던 아버지를 따라 3살 무렵 온 가족이 순천 시내에 있는 철도 관사로 이사를 나온 바람에 아쉽게도 어린 시절 순천만에 대한 기억은 거의 없다.

그래도 순천에서 나고 순천에서 줄곧 자랐고, 지금까지 순천에서 뿌리를 내리고 살고 있다. 인생 전체를 통틀어 군대 생활 2년 반 정도를 빼면 순천을 떠나본 적이 없다. 정치를 하다 보니 가끔씩 사람들이 더 큰 무대로 나아가는 것을 권유하기도 하지만 나는 그런 생각을

백일 기념 가족 사진.

해 본 적이 없다. 지방에서 정치를 처음 시작해서 그런지, 내가 태어나서 살고 있는 지역을 바꾸는 것에 더 많은 관심을 갖고 있고 재미도 느끼고 있다.

전체 국가를 좌우하는 거대한 담론도 중요하지만 나는 우리 삶 가까이에 있는 작고 사소한 것이 늘 소중하다고 믿는 사람이다. 지방에서 작은 모범들을 만들고 그것을 확산시키면 결국 우리나라 전체가 더 좋은 나라가 될 것이라고 믿고 있다. 중앙 정치에서 거대한 정책을 내놓는 것도 의미 있는 일이지만, 지역에서 주민들의 실제 삶을 변화시키는 작은 실천들이야말로 진짜 정치의 본질이라고 생각한다.

앞으로도 순천을 떠날 생각이 없다. 순천에 대해서 누구보다 더 잘 알고 있고 순천에 대한 애정도 누구보다 크다. 순천 시민들의 목소리를 듣고, 그들과 함께 순천의 미래를 만들어가는 것이 나의 역할이라고 생각한다. 순천에서 인물 자랑하지 말라는 말이 있지만, 나는 순천이 앞으로도 계속 훌륭한 인재들을 키워 내고, 사람들이 모이는 도시로 남기를 바란다.

# 2. 일본식 신도시, 철도 관사 마을의 추억

## 내 인생 가장 젊고 푸른 한 때

기차를 타고 순천역에 내려, 철로 위를 가로지르는 보행자 육교를 건너 역 뒤편으로 나오면 조곡동 철도 관사 마을이 나타난다. 역 앞의 번잡함을 벗어나 육교를 건너는 순간, 공간의 분위기는 확연히 달라진다. 지금은 관광지로 유명해졌지만, 이곳은 내가 어린 시절부터 청년기까지 대부분의 시간을 보낸 동네다.

세 살 무렵 이사를 와 초등학교, 중학교, 고등학교, 대학교를 거쳐 결혼해 분가하기 전까지 줄곧 이곳에서 살았다. 내 인생의 가장 젊고 푸른 시절을 보냈던 기억들이 골목 골목에 고스란히 남아 있다. 지금도 부모님이 이곳 본가에 살고 계시기 때문에 여전히 자주 발길을 하게 된다.

요즘 철도 관사 마을은 순천 철도 여행의 한 코스로 알려지며 관광객들의 발길이 부쩍 잦아졌다. 마을 입구에 세워진 커다란 안내판과 기차 모양의 화단, 우체통 등 소품들이 이곳이 철도와 관련된 공간임을 알게 해 준다. 골목길의 담장에는 철도 100년의 역사를 담은 벽화가 그려져 있다.

철도 직원과 가족들에게 식료품과 생활 필수품을 지급하던 철도 배급소는 '기적 소리'라는 이름의 카페로 바뀌었고, 철도 박물관과 전망대 등도 들어서 있다. 어린 시절 살았던 공간이 관광지가 되어 있다는 사실이 여전히 조금 낯설고, 한편으로는 신기하기도 하다.

철도 관사 마을은 일제 강점기인 1936년 전라선 개통과 함께 조성

철도관사마을의 관람용 가옥. 어린 시절 이곳에서 꿈을 키웠다.

되었다. 순천 철도 사무소 종사자들의 주거 안정을 위해 근대적 도시 계획 방식으로 만들어진 계획 도시였다. 당시 호남 철도청이 있던 순천과 영남 철도청이 있던 영주에 철도 관사가 들어섰는데 두 지역에 아직도 철도 관사의 흔적이 온전히 남아 있다.

해방 이후 일반인들에게 개방되면서 철도 근무자 전용 거주지라는 성격은 옅어졌지만, 순천역과 가까운 위치 덕분에 이후에도 철도 관련 종사자들이 많이 거주했다. 우리 가족도 철도 공무원인 아버지를 따라 1970년대 초 이곳에 이사를 와서 살기 시작했다.

## 마을에서 가장 좋아했던 공간

마을에 들어서면 중앙에 넓은 도로가 놓여 있고, 그 도로를 기준으로 좌우에 집들이 일정한 간격으로 늘어서 있다. 중앙의 넓은 도로는 내가 어릴 때만 해도 개천이었는데 지금은 복개되어 도로로 바뀌었다. 개천 양쪽으로 마을이 형성되어 있었고, 그 사이를 작은 다리가 이어 주었다.

봄이면 개천 양쪽으로 벚나무가 줄지어 꽃을 피웠고, 그 풍경은 계절이 바뀌었음을 가장 먼저 알려 주는 신호였다. 벚꽃이 지고 나면

꽃잎이 개천에 떠내려가는 모습을 바라보며 아이들은 계절의 변화를 온몸으로 느꼈다. 마을 안에 영화관이나 목욕탕 같은 문화 시설도 있어, 생화권 안에서 웬만한 일상은 모두 해결할 수 있었다.

무엇보다 이 마을에서 내가 가장 좋아했던 공간은 마을 초입에 있는 철도 운동장이었다. 지금은 인조 잔디를 깐 체육공원으로 바뀌었지만, 그때는 우리들의 대표적인 놀이터였다. 맨땅이었지만 그곳에서 야구도 하고 축구도 하고, 명절이면 쥐불놀이를 하며 밤을 보냈다.

어릴 때는 운동을 특히 좋아했다. 공을 갖고 하는 운동은 다 좋아했고, 비교적 잘하는 편이었다. 어린 시절부터 철도 운동장 공터에서 마음껏 뛰어놀았던 덕분이었을 것이다. 초등학교 때는 축구를 열심히 했고, 중학교 때는 야구를 했다.

1981년 순천이수중학교 1학년 때 학교에 야구부가 처음 생겼다. 야구 선수가 되고 싶어서 잠시 야구부에 들어가기도 했지만 그 길은 아닌 것 같아서 한두 달만에 그만두었다. 한화 이글스의 채은성 선수가 순천이수중 출신 후배인데, 야구를 계속했으면 채은성 선수만큼 할 수 있었을까, 문득 그런 생각을 해 보기도 한다.

2025년 4월, 새롭게 창단한 순천북초 유소년 야구단의 단장으로 취임하면서 야구를 하는 어린 친구들을 만났는데 내 어린 시절이 떠올라 뭉클한 마음이었다. 또 여름에는 순천에서 열린 국제 야구 교류

전 개막식에 초청 받아 시구를 한 뜻깊은 경험도 있다. 대만에서 초등 3개 팀, 중등 1개 팀이 와서 국내 팀들과 문화 교류도 하고 각자의 꿈도 키우는 의미있는 자리였다. 뭔가 보여 줄 생각에 기대를 잔뜩하고 마운드에 올라가서 멋지게 폼을 잡고 포수를 향해 힘차게 공을 던졌는데 공은 포수에게 가지 않고 엉뚱한 곳으로 가고 말았다. 결국 땅바닥 패대기 시구를 하고 민망한 표정으로 마운드에서 내려왔던 기억이 있다. 꿈많던 '야구 소년'이 벌써 이렇게 나이를 먹었구나 하는 생각을 했지만 잠시나마 철도 운동장에서 야구를 하며 뛰어놀았던 어린 시절을 회상할 수 있는 소중한 시간이었다. 고등학교 시절에는 동호회 활동이긴 했지만 농구를 열심히 했던 기억이 있다.

유소년 야구대회 격려. (2025년)

어릴 적 꿈은 수시로 바뀌었다. 하늘을 나는 비행기를 보면 파일럿이 되고 싶었다가, 또 어떤 날은 전 세계를 상대로 물건을 팔러 다니는 무역인이 되고 싶기도 했다. 또래 아이들처럼 그때그때 보는 것, 듣는 것에 따라 꿈도 늘 바뀌었다. 하지만 변하지 않는 것이 하나 있었다. 동네 골목골목을 뛰어다니며 노는 일이었다. 해가 질 때까지 놀다가 어둑해져 집집마다 아이를 부르는 소리가 들려올 때까지 뛰어놀았다.

동네에는 사철나무 담장 안에 일본식 전통 목조 가옥 형태 집들이 바둑판처럼 늘어서 있었다. 1936년에 건설됐으니 어느덧 90년에 가까운 시간이 흘렀다. 그 사이 주인도 여러 번 바뀌고 증·개축과 개보수를 거치면서 원형을 유지한 집은 거의 남아 있지 않다. 그래도 몇몇 집들은 처음 지어졌을 때의 모습을 비교적 잘 간직하며 한 시대의 흔적으로 보여 주고 있다.

한 지붕 아래 두 채의 집이 붙어 있고, 전통 한옥과 달리 집 뒤편에 정원이 있었다. 요즘 기준으로 보면 실면적이 20평 남짓으로 크지 않았지만 대지는 100평이 넘을 정도로 넓었다. 현관에 들어서면 작은 거실과 부엌이 이어져 있고, 안방과 다다미방을 포함해서 방이 세 개 있었다. 형과 여동생까지 다섯 식구가 살기에 넉넉하지 않은 공간이었지만, 아버지가 타지에서 근무하는 날이 많았기 때문에 어머니는 방 두 개만 사용하고 남은 방 하나는 세를 주었다. 그 방에도 또 다른 한 가족이 살았으니, 집 안은 늘 사람들도 북적북적했다.

지금 기준으로 보면 몹시 비좁았지만, 그 시절에는 모두가 비슷한 형편이었고 그것이 특별히 이상하다고 느껴지지는 않았다. 부자는 아니었지만 모두가 힘들게 살았던 시절, 그래도 자그마한 집 한 채가 있었고, 가족이 함께 모여 살 수 있었으니 그만하면 순탄한 어린 시절이었다고 생각한다. 지금 돌아보면 지극히 평범한 중산층 가정의 모습이었을 것이다.

## 기차 여행, 세상을 향한 첫 경험

철도 공무원이었던 아버지는 집에 계신 날이 많지 않았다. 당시 철도 공무원들은 24시간 맞교대 근무를 했고, 2년에 한 번꼴로 인사 이동을 했는데 그럴 때마다 근무지가 바뀌었다. 주로 시골 역장을 맡았기 때문에 집에서 먼 지역으로 발령이 나면 근처에 방을 얻어서 생활하셨고, 주말에 가끔씩 집에 오시곤 했다.

아버지는 온화한 성격으로 화를 내는 법이 없었고, 우리에게 큰 소리를 하신 기억도 많지 않다. 언제나 우리가 하는 일을 믿고 받아들여 주셨다. 대학 시절 총학생회장을 맡아 학생운동을 하며 경찰에

쫓기고, 구속되었던 적도 있었지만, 아버지는 그 일에 대해 내게 별다른 말씀을 하지 않으셨다. 공무원으로서 직장에서 불이익을 당할 수도 있었을 텐데, 그런 기색을 전혀 내비치지 않으셨다.

삼남매 - 철도관사에서.

아버지의 빈 자리를 채운 것은 언제나 어머니였다. 어머니는 '악착같다'는 표현이 어울릴 만큼 생활력이 강한 분이었다. 집안 살림은 물론이고, 아이들 교육에 대한 열정도 대단해 세 남매의 교육을 거의 혼자서 책임지다시피 했다. 당시 여고를 나온, 나름 배우신 분이었던 어머니는 우리들 공부까지 직접 챙기셨다. 공부뿐 아니라 생활 전반에 있어서도 기준이 분명했다.

가정 형편이 아주 어려웠던 것은 아니었지만, 초등학교를 졸업할 때까지 가족끼리 외식을 한 기억이 없다. 초등학교 졸업식 날 짜장면을 먹은 것이 아마 내 인생 첫 외식이었을 것이다. 간식도 대부분 어머니가 직접 만들어 주셨다. 라면을 튀겨 만든 '뽀빠이 과자'부터 시작해 호떡에 군고구마까지 모든 것을 어머니가 집에서 다 만들어 주셨기 때문에 밖에서 군것질을 할 일도 거의 없었다. 돌이켜보면 무척 화목했고, 큰 굴곡 없이 자랄 수 있었던 평화로운 가정이었다.

형은 지금 세무 공무원이 되었고, 두 살 아래 여동생은 약사가 되었다. 여동생 역시 나처럼 대학 시절 학생 운동을 하다 구속된 적이 있었는데, 그때만큼은 아버지도 적잖이 마음을 쓰셨다. 딸이었기에 더 그랬을 것이다. 말수 적던 아버지가 그때만큼은 걱정을 숨기지 못했던 기억이 남아 있다.

아버지가 철도 공무원이었던 덕분에 기차와 관련된 추억도 많다. 당시 철도 공무원 가족에게는 무료 기차 승차권이 지급되었다. 요즘으로 치면 항공사에 다니는 직원들 가족에게 연간 무료 항공권 혜택이 주어지는 것과 비슷한 제도였다. 그 시절 기차는 지금의 비행기만큼이나 귀한 교통 수단이었으니까.

여름 방학이면 순천에서 여수 만성리 해수욕장으로 침대칸 기차를 타고 가족이 함께 피서를 갔다. 무료 승차권이 있다면 더 멀리 서울도 가고, 부산도 가고, 대전도 갈 수 있었을 것 같은데 늘 목적지는 가까운 여수였다. 그만큼 세상이 작고 좁았던 느낌이다. 그래도 좋았다. 지금 생각해 보면 순천에서 여수는 엎어지면 코 닿을 거리지만, 그때의 기차 여행은 분명 세상 어딘가로 나아가는 첫 경험이었다.

# 3. 인생을 뒤흔든, '부정 시험' 사건

## 담임 선생님의 시험지 유출 사건

평온했던 집안 분위기처럼 내 학창 시절도 특별할 것 없는, 너무나 평범하고 순탄하기 그지없는 시간이었다. 학교와 집을 오가며 정해진 시간표대로 생활했고, 특별히 튀지도, 크게 문제를 일으키지도 않았다. 공부도 나름 열심히 했고 주어진 규칙을 잘 지키며 성실하게 생활하던 학생이었다. 적어도 그 사건이 벌어지기 전까지는 그랬다.

고등학교 2학년 때, 우리 반에서 상상하기조차 힘든 일이 벌어졌다. 우리 반 담임 선생님이 특정 학생을 위해서 시험 문제를 유출한 사건이 발생한 것이다. 명백한 시험 부정 사건이었다. 훗날 세상을 떠들썩하게 만들었던 숙명여고 시험지 유출 사건과 본질적으로 다르지 않았다. 다만 지방 도시에서 일어난 일이었고, 전국적 뉴스가 되지 않았을 뿐이다.

당시 우리 학교 학생들은 대부분 학교와 집밖에 모르던 모범생들이었다. 교실 안에서 선생님은 절대적인 존재였다. 그런 상황 속에서 담임 선생님이 돈을 받고 시험지를 빼돌렸다는 사실은 도무지 현실로 받아들여지지 않았다. 처음 소문이 돌았을 때도, 많은 아이들은 "설마"하는 분위기였다.

그러나 소문은 곧 사실로 굳어졌다. 나중에 알게 된 사실로는 돈 많은 지역 유지의 부탁으로 그 자녀를 위해 한 일이라고도 했다. 충격은 분노로 바뀌었고, 그 분노는 통제되지 않은 방식으로 표출되었다. 몇몇 학생들은 밤에 담임 선생님 집으로 찾아가 항의하는 일까지 벌였다. 지금 생각하면 무모하고 위험한 행동이었지만, 당시의 학생들에게는 그것 말고는 감정을 표현할 다른 방법이 없었다. 정의를 바로 세우겠다는 거창한 행동도 아니었다. 그보다는 배신당한 감정을 어떻게든 쏟아내려는 몸부림에 가까웠다.

## 아무 일 없었다는 듯한 섬뜩한 침묵

사건의 전말은 이랬다. 담임 선생님이 한 학생에게 답안지를 유출했고, 그것이 몇몇 친한 친구들 사이로 일부 내용이 퍼져나갔다.

"야, 이거 너만 봐."

"뭔데?"

"이번 시험 답이야."

"어디서 난 건데?"

"몰라. 나도 받은 거야."

결국 그렇게 우리 반에서 돌던 답안지는 내 손에도 들어왔다. 긴가민가하는 마음에 급하게 답을 외워서 시험에 들어갔는데 나중에 채점을 해 보니 정말 다 맞았다. 당시 우리 학교 시험은 유난히 어려운 편이었다. 시험을 치르면 반 평균이 50점대 중후반을 간신히 넘기는 경우가 대부분이었다. 그런데 그 시험에서 우리 반 평균은 80점에 육박했다. 한두 명이 아니라, 반의 3분의 1 혹은 절반 가까이가 비정상적으로 높은 점수를 받았다. 교실 안의 공기는 묘하게 들떠 있었고, 동시에 불편했다.

경쟁이 일상이던 학교생활 속에서 '이게 뭐지'라는 생각이 스치기도 전에, 손은 이미 답을 옮기고 있었다. 상황에 떠밀린 반사적인 행동에 가까웠지만 시험이 끝난 후 말로 표현할 수 없는 복합적인 감정이 밀려왔다. 요즘 유행하는 '멘붕'이라는 말로는 이런 상황을 충분히 다 표현하기 어렵다. 내가 그동안 믿어 왔던 공정함, 노력과 결과 사이의 관계, 선생님이라는 존재에 대한 신뢰가 한꺼번에 무너졌다. 분노와 허탈감, 그리고 그 부정한 구조에 나 역시 편승했다는 자괴감이 겹쳐왔다. 무엇이 더 잘못된 것인지, 누구를 더 미워해야 하는지조차 분간하기 어려웠다.

그러나 진짜 충격은 그 이후에 찾아왔다. 그처럼 큰 사건이 벌어졌음에도 불구하고, 학교는 아무 일도 없었던 것처럼 움직였다. 담임 선

중학교 시절 - 철도관사 마당에서.

생님은 학교에 모습을 드러내지 않았고, 학생들 앞에 서서 설명하거나 사과하지도 않았다. 학교 측에서도 역시 사건을 공식적으로 다루지 않았다. 시험은 무효 처리되지 않았고, 성적도 그대로 유지되었다.

결국 문제를 일으켰던 담임 선생님은 조용히 다른 학교로 전근을 가는 것으로 모든 일이 마무리되었다. 징계도, 공개적인 책임 추궁도 없었다. 지금의 기준으로는 도저히 이해하기 어려운 결말이지만, 1980년대 중반, 권위에 질문하는 것 자체가 무례로 여겨지던 시대였음을 떠올리면, 어쩌면 그 사회가 선택할 수 있는 가장 자연스러운 방식이었는지도 모른다. 그저 덮어 버리고 시간이 지나면 없었던 일로 되어 버린다고 해도 이상한 일은 아니었을지 모른다.

## 교실에서 점점 멀어지다

이 사건 이후 반 분위기는 눈에 띄게 달라졌다. 공부에 대한 의욕을 잃은 학생들이 눈에 띄게 늘어났고, 학교 수업이나 성적이라는 의미도 급격히 퇴색되었다. 노력은 더 이상 공정한 보상으로 이어지지 않는다는 냉소가 교실을 채웠다.

나 역시 예외가 아니었다. 고등학교 2학년 이후, 공부와 점점 거리를 두게 되었다. 교실보다는 운동장에서 농구를 하는 시간이 더 마음이 편했다. 학교라는 공간 자체를 한 발 떨어져 바라보게 되었다. 그것은 반항이라기보다는, 믿음을 잃은 사람의 태도에 가까웠다.

학생 입장에서 이 침묵은 또 다른 폭력이었다. 무엇이 잘못되었는지, 왜 아무도 책임지지 않는지, 그 누구도 설명해 주지 않았다. 정의는 존재하지만 작동하지 않을 수 있다는 사실을, 그것도 가장 일상적인 공간에서 처음으로 배웠다. 부정 시험 사건은 그렇게 끝났지만, 그날 이후로 나는 세상을 이전과 같은 눈으로 볼 수 없게 되었다.

# 4. 6월 항쟁, 민주주의를 느끼다

## 역사의 한 복판으로

전국이 뜨거운 민주화 열기의 정점을 향해 가던 1987년 봄, 국립 순천대 농생물학과에 진학했다. 대학에 들어왔지만 고등학교 시절 겪었던 입시 부정 사건의 여파가 여전히 마음에 남아 있었다. 공부에 대한 흥미가 크게 꺾여 있었고, 대학에 들어가서도 전공 수업에 마음이 붙지 않았다. 새로운 환경에 적응하는 일은 생각보다 더 어려웠다.

그럼에도 불구하고, 지금 돌아보면 그 선택이 틀리지 않았다고 생각하는 이유가 있다. 같은 과 동기로 평생의 반려자인 아내 김미숙을 만났기 때문이다. 아내는 이후 순천대 여학생회장을 맡았고 대학 졸업 후에는 노동·사회 운동 활동을 하며 때로는 동료로 때로는 지지자로 묵묵히 나의 길을 지원해 주고 있는 든든한 동반자이다.

학과 밖에서는 가톨릭 학생회 활동이 그나마 답답했던 대학 생활의 숨통을 틔워 주었다. 나는 안드레아라는 세례명을 가진 천주교 신자다. 초등학교 3~4학년 무렵, 독실한 천주교 신자인 외할머니를 따라 성당에 처음 나가기 시작했는데 이렇게 대학 캠퍼스에서까지 천주교에 대한 활동을 하게 될지 몰랐다.

1980년대 대학의 동아리들이 대부분 그랬듯, 가톨릭 학생회도 순수한 종교 모임이라기보다는 사회 문제에 관심을 갖고 공부하는 사회 과학 학습 동아리 성격이 강했다. 밑바탕에는 신앙이 기본적으로 자리하고 있지만, 시대에 대한 문제의식을 외면할 수 없었다.

동아리 활동을 하면서 나는 처음으로 고등학교 때는 몰랐던 새로운 역사들을 정면으로 마주하게 되었다. 4.19 혁명, 5.18 광주민주화운동, 그리고 여순사건까지. 교내 사진전과 책, 그리고 선배들의 이야기 속에서 알게 된 실상은 내가 배워 온 역사와 달랐다. 실제 역사 사이에 엄청난 간극이 있었다.

5.18은 폭동이 아니었고, 여순사건은 단순한 반란이 아니었다. 내가 알고 있던 세상을 완전히 뒤집어 놓았다. 잠자고 있던 사회의식이 조금씩 내 안에서 깨어나는 경험을 했다.

나는 87학번이다. 입학과 동시에 사회는 격변의 한복판으로 들어가고 있었다. 신입생으로 6월 항쟁이라는 엄청난 역사에 서게 됐다.

나는 그 현장에 휩쓸리듯 들어갔다.

## 전두환의 사진을 불태우다

"독재 타도, 호헌 철폐"

민주화를 열망하는 구호가 전국을 뒤덮었고, 대학 캠퍼스도 독재 정권을 타도하기 위한 열망으로 가득했다. 1학년 신입생이라 아는 것도 많지 않았고 뭔가를 주도적으로 할 수 있는 위치는 아니었지만 선배들 뒤를 열심히 따라다녔다. 거리로 나가면, 가슴이 뛰었다.

민주화의 열기가 정점을 향해 가던 1987년 6월, 순천 시내는 이미 시민들로 거리가 가득 메워진 상태였다. 순천 시내가 그렇게 뜨거웠던 적이 또 있었을까. 나는 순천에 살면서 그런 광경을 처음 보았다. 6월 항쟁 때의 광경은 지금 떠올려도 생생하고 감격스럽다.

어떤 날은 파출소를 향해 몰려가기도 했다. 거친 장면들이 있었지만, 그 밑바닥에는 분노와 절박함이 있었다. 그리고 마침내 문제의 6월 19일. 순천시청 앞 집회 과정에서 나는 순천시청으로 진입해 들어가 큰 '사건'을 만들었다. 물론 계획했던 일은 아니었다. 시위 도중 현장에서 갑작스럽게 발생한 일이었다.

"지금 시청 옥상에서 경찰이 사진을 찍고 있어. 촬영 못하게 막아야 해."

시위를 주도하던 선배들이 갑작스럽게 소리를 질렀다. 그리고 누군가의 목소리가 뒤를 이었다.

"같이 들어갈 사람은 앞으로 나와."

신입생의 순수한 패기였을까. 나는 그 말을 듣자마자 몸이 먼저 반응했고 당당하게 앞으로 나섰다. 그렇게 앞으로 나온 학생들 몇몇이 대표로 순천시청으로 진입했다. 시위 채증을 하던 경찰을 막기 위한 것이었다. 시청 안을 다니다 몇 층이었는지는 기억나지 않지만 불쑥 문을 열고 들어갔더니 시장실이었던 것 같다.

그 방 벽을 보니 당시 대통령이었던 전두환의 사진이 걸려 있었다. 나는 그 사진을 떼어서 집어들고 시청 밖 광장으로 나왔다.

"화형식을 하자."

누군가가 그렇게 말하자, 시민들이 환호했다. 그리고는 그 자리에서 전두환의 사진을 불태웠다. 시민들이 대통령 사진을 불태웠다는 사실이 그 시대의 분노와 원성이 얼마나 대단했는지를 보여 준다. 그 화염을 보며 우리는 '승리'를 예감했던 것 같다. 아직 끝난 게 아무것도 없었는데도, 그날은 가슴 한쪽에서 "이제는 되겠다"는 희망이 올라왔다. 그건 논리라기보다 집단적 확신에 가까운 것이었다.

## 여순 사건의 뿌리 깊은 상처

6월 항쟁을 거치며 순천 지역도 많이 바뀌었다. 순천은 대중 집회나 민주화 운동이 활발했던 곳은 아니었다. 그 밑바닥에는 여순 사건이라는 뿌리 깊은 아픔이 자리하고 있었다. 여순 사건을 설명할 때 종종 등장하는 말 중에 '손가락 총'이라는 것이 있다. 여순 사건 이후 군·경과 우익 단체들이 지역을 장악한 상태에서, '부역자·협조자·가담자'를 색출할 때 주민들을 학교 운동장이나 마을 공터 같은 곳에 모아놓고 주민들로 하여금 손가락으로 가리키게 하는 방식이다.

"빨갱이들에게 부역한 자가 누구지?"

군인이나 경찰이 그렇게 물으면 주민들은 누군가를 손가락질로 가리켜야 했다. 그렇게 '손가락질'을 당하면 곧바로 부역자로 몰려 그 자리에서 처형됐다. 사실은 중요하지 않았다. 재판도 따로 없었다. 많은 사람들에 의해 손가락질을 받으면 죽음을 당하던 시절이었다. 그 시절의 공포가 기억으로 남아 있어, 자신의 의견을 잘 드러내지 않고 괜히 나서면 위험하다는 집단적 자기 검열이 생긴 것으로 보여진다. 그런 지역의 분위기가 6월 항쟁을 거치며 조금씩 깨지기 시작했다. 사람들이 당당히 자신의 의견을 밝히게 된 것이다.

6월 항쟁과 함께 여순 사건은 이후 정치 활동을 하는 내내 내 삶에 중요한 자리를 차지해 왔다. 6월 항쟁이 내 삶의 큰 토대가 되었다고 한다면 여순사건은 우리 세대가 풀어내야 할 큰 숙제로 지금까지도 남아 있다. 다행스럽게 사건 발생 73년 만인 2021년 '여수·순천 10·19 사건 진상규명 및 희생자 명예회복에 관한 특별법'이 어렵게 제정되면서 정부에서도 여순 사건에 대해 국가가 저지른 폭력 사건으로 인정하는 첫 발걸음을 내딛었지만 진상 규명·명예 회복·배상까지 가기에는 여전히 갈 길이 멀다.

여순 사건이라고 불리는 '여수·순천 10·19사건'은 해방 정국 당시 시대적 상황 속에서 발생한 역사적 비극이다. 무고한 민간인과 군인, 경찰이 희생되고, 안타깝게도 사건이 왜곡되면서 지역에서 갈등과 반목이 지속돼 왔다. 이렇듯 여순 사건은 지역의 아픈 역사이고 그 상처는 아직 우리들에게 남아 있다.

다행스럽게도 많은 분들의 헌신적인 노력으로 특별법이 제정되어 여순사건 진상 규명 및 희생자 및 유족 신고를 접수했지만 시간의 제약으로 인해 아쉽게도 피해 신고가 충분히 이루어지지 못했다. 또 2021년 여순사건법은 제정 당시부터, 진상 규명에 그친 현행 법에서 사과·배상까지 포괄하는 방향의 개정이 시급하다는 지적을 받기도 했다.

훗날 전라남도의회 의장이 되어 직접 여수·순천 10·19사건 희생자 및 유족들을 위해 생활 보조비 지원 조례 제정을 위해 힘을 썼다. 그

10·19 여순항쟁 기념식. (2024)

과정에서 희생자들은 물론 생활고에 놓인 고령 유족들을 보면서 마음이 너무나 아팠다. 조례 제정과 특별법만으로는 부족한 부분을 지방 정부·도의회가 보완하도록 지속적으로 애를 썼지만 그렇게 70년이 지난 후에야 사건의 실체를 밝힐 수밖에 없었던 것에 대해서는 한편으로는 죄송스러운 마음도 컸다. 여순 사건은 국가가 눈물을 닦아 주어야 할 역사적 비극이자, 끝나지 않은 사건으로 여전히 남아 있다.

## 5. 총학생회장 맡아 학생 운동의 선봉에 서다

### 맡은 역할 앞에서 물러선 적은 없다

신입생 때 6월 항쟁을 겪으면서 학생 운동에 열심히 참여했다. 그리고 결국 순천대 총학생회장까지 맡게 되었다. 전혀 생각지도 못한 길이었다. 나의 성격을 아는 사람이라면 아마 더욱 놀랐을 것이다.

요즘 유행하는 MBTI 성격 유형으로 보면 나는 'E'보다는 'I'에 가까운 사람이다. 아주 내성적이라고 할 수는 없지만, 어디서든 앞에 나서길 좋아하는 성격은 아니다. 그런 내가 대학 시절 학생회 활동의 중심에 서고, 총학생회장까지 맡게 되었다는 사실을 의아하게 바라보는 사람들도 있다. 돌이켜보면, 내가 스스로 "해보겠다"고 나서기보다 주변의 권유나 추천으로 맡게 된 경우가 많았다. 과 학생회장,

총학생회장은 물론, 정치에 입문했을 때도 마찬가지였다. 그만큼 주변 사람들이 나를 믿어 주고, 지지해 준 덕분이 아닐까 생각한다. 그 비결은 아마도 부모님에게서 배운 '겸손'과 '성실' 같은 품성에서 왔다고 생각한다.

의도하지 않았지만 그런 기회가 올 때마다 주어진 자리를 피하지 않았고, 맡은 역할 앞에서 물러선 적은 없었다. 어떤 자리든 그 자리에 서면 무엇을 바꿀 수 있을지를 고민했고 그것을 이루어냈다.

학과 학생회장을 맡았을 때 '학과 자치운영협의회'를 출범시킨 것도 학생들의 권익을 위한 일이었다. 당시만 해도 학과의 주요 결정은 교수 회의에서만 이루어졌고, 학생들은 결과를 전달받는 위치에 머물러 있었다. 나는 "학과 운영의 중요한 사안들을 학생회와도 협의해야 하지 않느냐"고 문제를 제기했고, 그 과정에서 교수들과 여러 차례 충돌도 있었다.

교수 공채 문제를 계기로 협의 구조를 만들어 냈고, 조교가 중간 간사 역할을 맡아 교수와 학생회가 정기적으로 의견을 나누는 체계를 갖추게 됐다. 실험실 배치나 공간 조정 같은 사안까지 학생회 의견을 묻는 변화는 이전에는 상상하기 어려운 일이었다. 학과 차원에서 농활이나 공동 프로그램을 처음으로 자체 기획·운영하게 된 것도 그 무렵이었다. 거창한 구호를 외치기보다, 구조를 조금 바꾸는 일이 현실을 실제로 바꿀 수 있다는 것을 배운 경험이었다. 이러한 것들은

과 학생회 수련회.

이후 정치에 입문해서도 일관되게 가져온 생각들이다.

총학생회장 시절에는 학생 운동이 소수의 학생들만의 일이 되어서는 안 된다는 생각에 학생들의 참여를 넓히기 위해 노력했다. 학생회를 '일부 활동가들의 공간'이 아니라, 더 많은 학생들이 드나들 수 있는 장으로 만들고 싶었다. 학년별 모임을 의식적으로 조직했고, 동아리 활동과 학과 생활을 학생회와 느슨하게라도 연결하려 애썼다. 학년·동아리·실험실 같은 일상의 공간들이 따로 노는 것이 아니라, 서로 엮이면서 자연스럽게 학생회로 이어지도록 하는 것이 목표였다. 적극적인 참여 없이는 어떤 변화도 가능하지 않다고 믿었기 때문이다.

## 3당 합당 반대 집회로 구속되다

하지만 늘 앞장 서서 걸은 덕분에 가시밭 같은 길을 걸어야 하는 것도 어쩔 수 없는 숙명이었다. 1988년 무렵 통일선봉대 활동으로 짧은 구류를 겪기도 했고, 1990년 3당 합당 반대 여수·순천 지역 연합 집회에서는 대학생협의회 의장으로서 집회를 주도했다는 이유로 구속되기도 했다. 3당 합당은 1990년 1월 22일 발표되어 동년 2월 당시 집권 여당이었던 민주정의당과 야당이었던 통일민주당, 신민주공화당이 합당하여 거대 여당인 민주자유당이 탄생한 사건이다. 이 합당으로 만들어진 민주자유당의 후신들은 지금까지도 대한민국 제1 보수 정당의 명맥을 잇고 있다.

3당 합당의 여파로 제13대 국회의원 선거에서 비롯된 여소야대는 약 2년 만에 도로 여대야소가 되었고, 김대중의 평화민주당은 유일한 원내 야당으로 남았으며 이전까지 호남 vs PK vs TK vs 충청도의 4자 구도로 이어져 왔던 지역 정치 구도가 순식간에 호남 vs 비(非)호남으로 단순화되면서 정치적으로 호남 지역이 상당 기간 고립되는 결과를 낳게 되었다. 6월 항쟁의 거리에서 느꼈던 집단의 에너지는, 이후 학생회를 운영하고 사람들을 설득하는 방식의 기준이 되었다. 그것은 이후 정치로 나아가는 선택까지 이어지는 중요한 출발점이었다.

총학생회장 서동욱군 기습 연행

“4천애국향림학우에 대한 정면 도전행위”

달 28일 남대협 간담회 가져

총학 출범식 및 학생총회

백기완씨 초청강연회 예정

순천대 학생회장 시절 연행을 알리는 대학 신문 기사.

2022년부터 6월 항쟁 표지석 설치 사업을 실시하고 있다. 38년전, 광주를 피로 물들인 전두환 군부 독재를 무너뜨린 순천 시민들의 승리를 기념하기 위해 표지석 제막식을 잇따라 갖고 있는데 그때마다 빠지지 않고 꼭 참석해서 그날의 기억을 되새기고 있다.

2024년 6월에는 순천YWCA 1층 마당에서 민주 항쟁 표지석 제막식 행사를 가졌다. 순천YWCA는 1987년 6월 민주 항쟁 당시 민주화를 염원하는 시국 기도회를 1년여 동안 매일 새벽마다 열었던 곳이다. 이 기도회는 1987년 6월 1일부터 1988년 5월 31일까지 열리면서 이 땅의 민주화와 평화를 기원하는 자리가 됐다. 내 젊음의 일부를 함께한 공간이기도 하다.

순천노회회관, YWCA, YMCA를 거쳐 2025년 11월 순천대에서 표지석을 설치하고 ‘순천대학교 민주화 운동과 87년 6월 항쟁 기념 표지석 제막식’ 행사까지 치렀다. 표지석에는 ‘순천 민주주의 함성 여기서 시작되다’라고 적혀 있다.

순천대 표지석 설치 기념.

행사를 통해 1987년 6월을 뜨거운 마음으로 함께 보낸 선후배들을 오랜만에 만나기도 했다. 사는 곳은 다르지만 깨어있는 시민으로 다들 치열하게 사는 모습이 참 좋았다. 지나온 역사를 기억하기 위해서는 기록으로 남기는 것과 기념하는 공간을 마련하는 것은 무척 중요한 일이다. 2026년에는 6월 항쟁의 정점을 찍었던 역사의 현장인 순천시청 앞 광장에 표지석을 설치했으면 하는 기대를 하고 있다.

어쩌면 1987년 6월 항쟁은 오늘의 나를 있게 한 뿌리가 아닐까 싶다. 대학교 신입생의 신분으로 항쟁의 한복판에서 참으로 많은 것을 배웠다. 정의로운 삶을 배웠고 민주주의를 배웠고 정의는 반드시 승리한다는 확신을 배웠다. 6월 항쟁의 역사가 깃든 순천시 곳곳에서 표지석 제막식 행사를 할 때마다 과연 나는 항쟁 이후 38년 세월 동안 매순간 6월 항쟁의 정신으로 살아왔고 앞으로도 살아갈 것인가 짧은 성찰을 해 보게 된다. 6월 항쟁을 계승한 빛의 혁명으로 대한민국의 민주주의가 회복되어 가듯이 순천의 민주주의를 회복하는데 앞장 설 것이다. 87년 6월은 지났지만 그 기억만큼은 영원히 마음속에 남아 있다.

# 6. 노동 운동과 현실 정치의 도전

## 더 넓은 세상으로 나아가다

대학 졸업을 앞두고 나는 앞으로의 진로를 두고 깊은 고민에 빠져 있었다. 당시 대학에서 학생 운동을 하던 이들이 졸업 후 사회 운동의 최전선에 나아가는 일은 하나의 '통과 의례'처럼 여겨지던 시절이었다. 캠퍼스 안에서 이론과 토론을 반복하는 운동만으로는 세상을 바꿀 수 없다는 자각이 강하게 공유되던 분위기였다. 교실을 벗어나 공장과 거리, 지역 현장에서 사람들과 직접 부딪히며 함께 변화를 만들어가야 한다는 생각이 자연스럽게 나를 움직이게 했다.

그런 문제의식 속에서 순천에서 가까운 인근 여수와 광양의 공단을 찾아 짧게나마 노동 현장을 경험할 수 있었다. 12시간 맞교대 근무를 하며 몸으로 현장을 익혔고, 그 과정에서 처음으로 자취 생활도 경험했다. 하지만 노동운동의 전통적인 방식인 위장 취업을 통한 장기 현장 활동은 현실적으로 쉽지 않았다.

여수, 광양이라고 해도 순천과 한 동네나 마찬가지였고 워낙 좁은 바닥이다보니 공장 내에서 아는 얼굴을 마주치는 경우도 종종 있었다. 특히 관리자들 중에서도 아는 얼굴을 만나게 되면 서로 입장이 난처해졌다. 경험을 쌓아 보자는 가벼운 마음으로 시작했지만 노동 현장 활동이 쉽지 않겠구나 하는 생각이 들었다. 그렇게 짧은 공장 생활을 끝냈다.

## 제도권 정치에 도전

공장을 떠난 뒤에는 '새벽을 여는 노동문제연구소'에서 정책실장으로 상근하며 노동 상담 업무를 잠시 경험했다. 새벽을 여는 노동문제연구소는 1990년대 초 전남 순천에 만들어진 노동 상담·노동 운동 거점으로, 여천·광양 산업 단지 현장에서 임금·산재·부당 해고·단체 협약 등 어려움을 겪는 노동자들에게 무료 노동 상담, 노조 결성 지원, 노동교육을 해 온 지역 노동 단체다.

하지만 노동 상담 업무는 오래 가지 못했다. 그보다는 오히려 지역 단체들과의 연대 활동에 더 많은 시간을 쓰게 되었다. 특히 민주노총 지역 조직을 만들기 위해 준비하는 단계에서 상근자로도 활동을 했다.

그 즈음 인생의 중요한 대사도 치렀다. 결혼을 하게 된 것이다. 아내 김미숙은 대학 1학년 때 같은 과 동기로 만나 학생 운동을 함께하며 같은 길을 걸어왔고 졸업 후에는 '새벽을 여는 노동문제연구소'에서 상근자로 일하고 있었다. 평생의 동지, 인생의 한 부분을 채워 줄 동반자를 얻게 되었다. 지금까지도 가장 가까운 곳에 있는 조력자로 내 인생의 큰 부분을 차지하고 있다.

하지만 시간이 지날수록 고민은 또 다른 방향으로 깊어졌다. 거리와 현장에서의 운동만으로 과연 세상이 바뀔 수 있을까. 제도와 행정을 움직이지 않고서는, 같은 문제가 반복되는 것은 아닐까 하는 의문이었다. 그런 질문들이 쌓이던 무렵, 현실 정치로 시선을 돌리게 됐다.

2002년 지방선거를 앞두고, 민주노총 내부에서 후보를 추대해 제도권 정치로 진출해 보자는 논의가 활발해졌다. 민주노동당이 출범하며 정치 참여의 통로가 열리기 시작했고, 민주노총 차원에서도 정치위원회를 구성해 조합원 교육과 토론을 이어갔다. 이제는 밖에서만 외칠 것이 아니라, 안으로 들어가 바꿔 보자는 문제의식이 점차 힘을 얻던 시기였다.

그 과정에서 민주노총 후보로 추대되어, 2002년 지방선거에 순천 시의원 후보로 출마하게 되었다. 당시 내 나이는 서른두 살이었다. 기초의원 선거에 공식적인 공천 제도가 없던 시절이었지만, 각 후보들은 자신이 거대 정당의 실질적인 후보라면서 '공천' 아닌 '내천'으로 분위기를 이끌어가면서 선거를 치르고 있었다.

지역 주민들 입장에서 나는 이름 석자 들어본 적이 없는 무명 중에 무명. '듣보잡' 후보에 불과했다. 경쟁 후보들 중에는 차기 총선을 준비하는 주자의 캠프에서 내놓은 대리인 성격의 후보도 있었고, 지역에서 잔뼈가 굵은 노회한 정치인들도 있었다.

도움을 받을 곳도 없고 기댈 곳도 없었다. 믿을 것은 '젊음' 하나 밖에 없었다. 젊음과 열정을 내세워 기존 선거의 문법을 깨고 새로운 방식으로 접근했다.

## 젊은 정치로 센세이션을 일으키다

그 어려운 상황을 이겨내고 선전할 수 있었던 것은 젊음의 힘이었다. 당시 선거 캠페인은 아주 독특하고 색달랐다.

대학 후배들이 주로 선거 캠프에 나와 도와주었는데 선거 캠프에 하루에 20~30명 씩 후배들이 와서 거리 캠페인에 함께 해주었다. 젊은 청년들이 자원봉사하는 모습에 시민들께서 호감을 가지고 보아 주셨던 기억이 난다.

또 어떤 후배들은 나도 모르게 자신들의 지인들과 친인척들에게 손편지를 정성껏 써서 투표에 꼭 참여해 달라고 당부하기도 했다.

"한자 한자 또박또박 쓴 손편지를 받고 정성에 감동했다."

거리에서 만난 시민들이 손편지에 대해서 이야기를 꺼내며 관심을 표하는 사람들도 있었다. 인쇄된 공보물을 보면 자세히 보지도 않고 버리는 사람들도 많았는데 실제 정성들여 손으로 쓴 글씨를 보고, 함부로 버리기 아쉬어 꼼꼼하게 읽어 봤다는 이야기도 들었다.

아침 출근길 유세도 색달랐다. 아침에 출근 시간에 아파트 단지에 가서 한 동에 한 명씩 단지 전체를 에워싸면서 선거 캠페인을 하기도 했고, 버스 정류소나 공원 등 사람들이 몇 명이라도 모여 있는 곳에 가면 30초짜리 짧은 게릴라성 유세도 진행했다.

"안녕하세요. 저는 이번에 순천시의원에 출마한 32살 서동욱입니다. 대학에서는 학생 운동을 했습니다. 깨끗한 정치, 좋은 정치로 우리 지역을 발전시키겠습니다."

보통 다른 후보들의 경우 명함을 나눠주고 인사하는 것이 전부였는데 비록 소규모이지만 유세 형태로 사람들의 관심을 끌어모으는

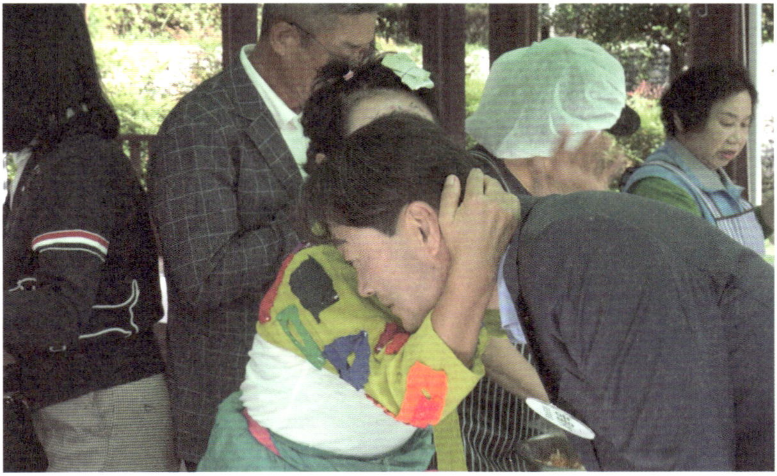

시의원 선거 캠페인 중 시민들 격려 포옹.

데 성공했다.

명함만 건네는 대신, 직접 말하고 눈을 마주쳤다. 그 방식은 의외로 큰 반응을 얻었다. 당시만 해도 시의원 후보라고 하면 나이 지긋한 50~60대가 많았다. 그런 분위기 속에서 30대 초반 후보와 20대 선거 운동원들이 뛰는 모습은 신선해 보였고, 독특한 선거 캠페인으로 지역에서 작은 센세이션을 일으키기도 했다.

결과는 당선이었다. 일곱 명의 후보가 경쟁한 선거에서 적지 않은 표 차이로 상위권에 들었다. 더구나 내가 출마했던 덕연동 선거구는 인구가 5만 명이 넘었는데 당시 순천뿐만 아니라 전남 전체에서도 가장 큰 동네로 전남의 정치 1번지로 불리던 곳이었다. 이런 지역구에서 당선되자 지역 내에서도 센세이션으로 받아들이는 분위기였다.

제도권 밖에서 세상을 바꾸려 했던 시간이 있었다면, 이제는 제도 안으로 들어가 세상을 바꿔 보자는 선택이었다. 쉽지 않은 길이 될 것이라는 걸 알면서도, 그 길을 외면할 수는 없었다. 그렇게 나는 노동운동의 현장에서, 현실 정치의 문턱으로 한 발을 내딛게 되었다.

# Chapter II

# 시민의 마음에 귀를 기울이다

# 1. 30대 젊은 시의원이 불러온 새바람

## 순천시의회에 첫발을 내딛다

2002년 제3회 지방선거에서 제4대 순천시의원으로 당선되며 처음으로 순천시의회에 입성했다. 그때 내 나이 서른두 살이었다. 25.40%의 득표로 1위를 했는데 2위 후보와는 4% 포인트가 넘는 표차였던 것으로 기억한다. 지금이야 젊은 정치인의 등장에 대해서 유권자들이 크게 낯설게 생각하지 않지만, 당시만 해도 상당히 파격적으로 보는 시선이 있었다. 특히 중앙 정치 무대에 비해 훨씬 보수적인 지방, 그것도 순천의 정치 지형에서 볼 때 30대 초반 젊은 시의원의 등장은 매우 이례적인 사건이었다. 함께 학생 운동을 했던 선배들 중 몇몇이 나보다 앞서 시의회에 진출한 경우가 있긴 했지만 여전히 흔한 사례는 아니었다.

더구나 중앙 정치 무대에서 큰 권력을 갖고 있는 기성 정당의 지지를 받는 후보가 아니었기 때문에 지역 정계에서는 작은 '돌풍'으로 받아들이는 분위기도 있었다. 여기에 대학 시절 학생 운동과 3당 합당 반대 투쟁, 이후 노동 운동과 시민 운동을 해왔던 이력 때문에 나에 대한 생각도 기대반, 우려반이었다.

비록 지방 작은 도시의 시의원이었지만 나에게도 제도권 정치에 첫발을 내딛는다는 특별한 사명감이 있었다. 이제 거리에서, 현장에서 몸으로 세상을 바꾸려고 노력하는 것이 아니라, 제도권 내에서 예산과 조례를 통해서 시민의 삶을 바꾸어 나가야 한다는 과제가 주어진 순간이었다.

## '기득권 정치와는 다른' 첫 다짐

정치에 입문하면서 마음속으로 다짐한 것이 있었다. 기득권화된 기존 정치의 관행을 따라가지 않고, 또 기성 정치인과는 다른 방식으로 정치를 하겠다는 것이었다. 그래서 스스로에게 원칙 하나를 세웠다.

"공적인 지위에서 사적인 이익을 취하지 않겠다."

이것은 내가 순천시의원이 되고, 또 전라남도의회의 의원, 그리도 도의장을 지내는 20여 년이 넘는 지방 정치 활동 내내 조금도 변함없이 지켜온 원칙이었다. 물론 앞으로도 변함없이 지켜나갈 원칙이다.

그러다보니 권력에 따라 줄을 서는 일도 없었다. 지역 정치의 환경이 바뀌거나 권력의 중심이 이동할 때마다, 입장을 바꾸거나 줄을 갈아탄 적도 없었다. 중요한 정치적인 선택의 순간에 공식, 비공식적으로 여러 제안을 받기도 했고, 만약 그런 제안을 받아들였다면 좀 더 순탄한 정치 생활을 했을지도 모른다.

하지만 이해관계에 따라 말이 달라지는 정치인이 되지 않겠다는 초선 시절의 다짐을 정치 생활 내내 고수해 왔고, 이것이 결과적으로 나를 '의리와 신뢰로 기억되는 정치인'으로 만들었다. 활발한 의정 활동을 통해 여러 차례 우수 의정 대상 등 상도 많이 받았지만 개인적으로 가장 큰 칭찬은 "서동욱은 말을 바꾸지 않는 정치인, 의리의 정치인"이라는 세간의 평가다. 그것이 오랜 정치 생활을 할 수 있었던 힘이라고 생각한다.

## 공무원들의 경계심을 허물다

시의회에 첫발을 들였을 때, 묘한 긴장감이 있었다. 민주노동당 활동 경력, 학생 운동과 노동 운동의 이력 때문에 "의회에서도 시위하듯 하는 것 아니냐", "상대하기 쉽지 않을 것 같다"는 선입견이 작동하는 것은 어찌 보면 자연스러운 일이었다.

하지만 나는 개의치 않았고 그런 반응들에 대해서 신경 쓰지도 않았다. 의정 활동이 본격화되고 젊은 의원의 패기로 열심히 일하는 모습을 보이자 조금씩 나에 대한 인식도 달라졌던 것 같다.

공무원들은 처한 입장 때문에 의원들을 걸끄럽게 생각할 수밖에 없지만 그래도 실력 있는 의원들을 좋아한다. 전문성을 갖고 있으면서도 예의를 잃지 않는 태도, 일을 어렵게 만들지 않고 원칙으로 풀어 가는 방식으로 시의회 내부는 물론 순천시 공무원들 사이에도 신뢰를 쌓아 갔다.

나는 첫 회기부터 상임위 간사와 특별위원회 위원으로 활동하며 행정 구역 조정, 예산 심사 같은 굵직한 안건에 꾸준히 참여했다.

회의장에서는 누구보다 치열하게 따졌다. 조례안과 예산안을 검토할 때 자료를 끝까지 파고들었고, 숫자 하나, 문장 하나도 그냥 넘기지 않았다. 그러나 문제를 지적할 때는 늘 선을 지키려 했다. 인신

공격이나 감정적인 표현은 피했고, "왜 안 되느냐"에서 끝나는 것이 아니라 "어떻게 바꿀 수 있느냐"를 함께 제시하려 했다.

시간이 흐른 뒤, 공무원들과 조금 가까워졌을 때 이런 이야기를 들었다.

"의원님, 솔직히 처음엔 걱정을 많이 했습니다. 운동권 출신이고 노동 운동도 하셨다고 해서 상당히 과격할 줄 알았거든요. 그런데 의정 활동을 보니 굉장히 합리적이고, 언행도 절제돼 있고, 신사적으로 일하셔서 많이 놀랐습니다."

나중에야 알게 된 이야기지만, 초선 시절 초반에는 나를 두고 '어떻게 대응해야 할지 모르겠다'는 말도 공공연히 오갔다고 한다. 그러나 시간이 지나면서 평가는 달라졌다.

그렇게 나는 "까다롭지만 합리적인 의원", "함께 일하기는 쉽지 않지만 신뢰할 수 있는 의원"이라는 평가를 얻게 되었다. 이 신뢰는 이후 전라남도의원으로, 또 전남도의회 의장으로 성장해 가는 과정에서 중요한 밑바탕이 되었다.

초선 시절, 시민의 눈높이에서 묻고 공무원의 언어로 답을 끌어내려 했던 그 태도는 내 정치의 다음 단계를 여는 열쇠가 되었다. 지금도 나는 그때를 떠올리며, 정치는 결국 사람에 대한 선입견을 깨고, 신뢰를 쌓는 과정이라는 사실을 새삼 확인할 수 있었다. 서른 두 살 초선 시의원으로 시작한 그 한 걸음이, 20년 넘는 지방 정치의 출발점이었다.

# 2. 먹이고 돌보다, 아이를 키우는 도시

## 아이들의 밥상을 바꾸다

비록 짧은 시간이었지만 순천시의원으로 활동하면서 시민의 삶과 밀착된 여러 조례들을 만들었다. 그 조례들이 지금까지 유지되고 또 다른 제도와 정책으로 발전해 시민들의 삶에 영향을 미치는 모습을 볼 때마다 뿌듯한 마음이 든다. 그 가운데 특별히 기억에 남는 것은, 아이들이 학교에서 매일 마주하는 '밥'과 관련된 조례다.

밥은 곧 '삶'이다. 아무리 거창한 혁신을 이루어내고, 새로운 제도를 만든다 해도, 매일 먹는 밥만큼 직접적으로 삶에 닿는 것은 없다. 그것이 어린 학생들의 밥이라면 더 말할 필요도 없다. 한 끼 식사는 단순히 배를 채우는 일을 넘어, 하루를 버티게 하는 힘이고, 내일을 꿈꾸게 하는 최소한의 조건이다.

아이의 밥상에는 그 사회가 아이들을 어떤 존재로 대하는지가 고스란히 담겨 있다고 생각한다. 학교에서 내어 주는 한 그릇 밥에는 부모의 형편, 지역 농촌의 현실, 지방 정부의 가치관이 함께 얽혀 있다. 밥을 아끼지 않겠다는 결정은, 아이들의 건강과 존엄을 아끼지 않겠다는 약속이고, 지역에서 땀 흘려 농사짓는 이들의 삶을 포기하지 않겠다는 다짐이기도 하다. 그래서 학교 급식 조례를 만들 때도 이것은 예산 몇 푼이 더 들어가는 일이 아니라, 이 도시가 아이들을 어떻게 대할 것인지를 정하는 일이라고 생각했다.

그런 생각을 안고 대표 발의했던 것이 '순천시학교급식식재료사용및지원에관한조례안'이었다. 순천시 차원에서 학교 급식 식재료의 기준, 지원 방법, 예산 지원 근거를 처음으로 제도화한 조례라는 점에서 큰 의미가 있었다.

그전까지 학교 급식은 일선 학교나 교육청에서 알아서 하는 일이었다. 시가 굳이 관여할 이유가 없다고 보던 분위기였다. 그러나 이 조례를 통해 순천시도 예산과 정책을 통해서 학교 급식을 책임져야 한다는 지방 자치 단체의 책무를 공식화할 수 있었다.

친환경·유기농 인증 농산물은 일반 농산물보다 생산비가 높고, 가격도 비싸다. 지자체가 지역 농가와 계약 재배를 하거나, 친환경 인증 농산물을 우선 사용하도록 하면, 그만큼 식품비 단가가 올라간다.

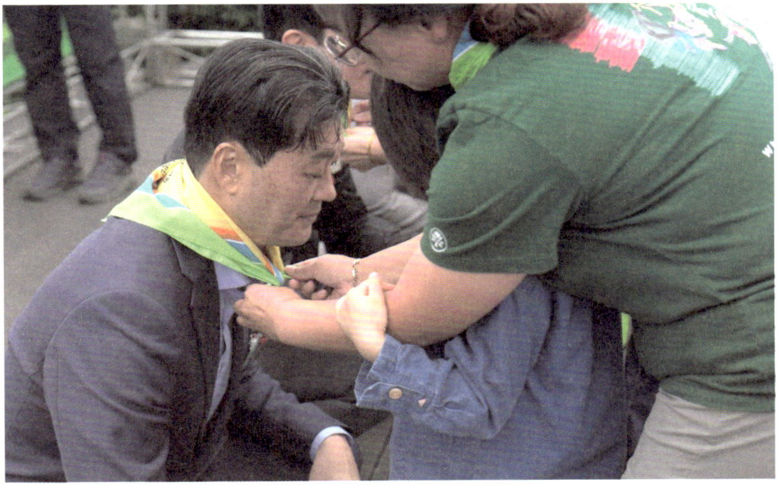

3·8 여성대회 중.

조례에서는 친환경 및 안전 인증을 받은 우수 식재료를 학교 급식에 사용하도록 하고, 그에 따라 발생하는 추가 비용은 시 예산으로 지원할 수 있도록 하는 길을 열었다. 좋은 식재료를 쓰면 돈이 더 드는 것은 당연한 일이다. 문제는 그 돈을 누가, 어떤 이유로 감당할 것인가였다.

시 입장에서는 그동안 쓰지 않던, 안 써도 되는 돈을 새로 써야 하는 셈이라 부담이 생길 수밖에 없다. 그와 관련된 논란이 생길 때마다 내가 들고 나간 설득의 포인트는 분명했다.

"지금 아이들에게 안전한 식재료를 먹이는 데 조금 더 쓰면, 나중에 의료비, 환경 비용, 농촌 붕괴 비용을 줄일 수 있다는 장기적 투자다.”

단순히 “좋은 밥을 먹이자”는 감성의 문제가 아니라, 아이들 건강과 농촌 살림을 함께 살리는 정책이라는 논리로 시장·공무원·동료의원들을 설득했다.

## 시장과 집행부를 설득해 만든 선순환 구조

조례를 추진하는 과정에서 가장 큰 관문은 역시 예산이었다. 친환경 식재료를 쓰고 지원을 늘리려면, 재정 부담이 뒤따르는 것은 너무도 당연한 일이었다. 그래서 나는 ‘친환경’과 ‘지역 농업’을 하나의 패키지로 묶는 데 집중했다. 상임위와 본회의에서 “학교 급식에 들어가는 쌀과 채소, 과일을 가능한 한 지역에서 나는 친환경·무농약 농산물로 채우자”고 주장했던 것도 바로 그런 취지였다. 이를 위해 친환경 인증 농가를 늘리고, 지역 농협·축협·원협을 통해 식재료를 공급받는 구조를 함께 설계했다.

학생들에게는 더 안전한 먹거리가, 농민들에게는 안정적인 판로가 생기는 선순환 구조를 의도한 것이다. 시간이 지나면서 친환경 농가의 재배 면적이 늘어나고, 학교 급식과 지역 농업이 서로 의지하는 구조가 자리잡았다는 이야기를 들을 때마다, "정치가 이렇게도 사람들의 삶을 바꿀 수 있구나" 하는 보람을 느꼈다.

이 조례는 이후 순천 친환경 급식 정책의 기본 틀이 되었다. 같은 이름의 일부 개정 조례안을 통해 지원 대상을 교육부 관할 학교까지 넓히면서, 더 많은 학교가 시의 지원을 받을 수 있게 구조를 정비했다. 뒤이어 조례는 2010년 '순천시 학교 급식 식재료 사용 및 지원에 관한 조례'로 다듬어졌고, 2011년에는 별도의 '순천시 학교 등 친환경 무상 급식 지원 조례'가 제정되면서 전 초·중·고 친환경 무상 급식이 전면 시행되는 토대가 되었다. 학교·유치원·보육 시설을 지원 대상으로 규정하고, 우수 식재료를 공급하는 업체를 선정해 시가 식재료비를 지원하는 구조가 구체화된 것도 이 흐름 속에서다.

## 아빠의 시선으로 만든 영·유아 보육 조례

순천시의원으로 일하던 시기는 30대 초반의 젊은 의원이기도 했지만, 집에서는 젊은 아빠이기도 했다. 이제 막 아이를 낳아서 키우다 보니 다른 의원들보다 아이들 문제에 특별히 더 많은 관심을 가졌던 것 같다. 친환경 급식 조례 제정과 비슷한 시기에 만들었던 '순천시

영유아 보육 및 지원에 관한 조례' 역시 아이를 키우는 아빠의 시선으로 만든 조례다.

그때만 해도 순천시에는 영·유아 보육을 포괄적으로 다루는 기본 조례가 없었다. 중앙 정부 지침과 개별 사업 공고에 기대어 보육 지원이 이루어지고 있었지만, 도시 전체의 방향과 원칙을 담은 틀은 부재한 상태였다. 나는 아이들의 안전한 보육 환경과 질 높은 보육 서비스에 대한 기준을 시 차원에서 분명히 세워야 한다는 문제의식을 갖게 됐다.

조례의 골격은 '영유아보육법'이 제시한 보육 이념을 시 단위로 구체화하는 것이었다. 영유아보육법은 "보육은 영유아의 이익을 최우

순천 영유아 숲교육대회. (2025, 호수공원)

선으로 고려해야 하고, 안전하고 쾌적한 환경에서 건강하게 성장할 수 있도록 해야 하며, 어떤 차별도 없이 보육되어야 한다"고 규정한다. 나는 이 원칙을 조례 첫 장에 녹여 넣으려고 했다. 보육을 특정 계층을 위한 시혜가 아니라, 맞벌이 가정과 서민 가정을 지탱하는 가장 기본적인 사회 인프라로 규정하고 싶었다. 실제로 이 조례 제정과 관련해서 시의회 내에서도 "보육은 여성이나 일부 계층의 문제가 아니라, 도시 전체의 노동과 삶을 가능하게 하는 기반 시설"이라는 점을 거듭 강조했다.

조례에는 크게 네 가지 축을 담았다. 첫째, 보육의 기본 이념과 원칙: 영유아의 이익 우선, 차별 없는 보육, 안전·건강한 성장 환경. 둘째, 지방 자치 단체와 보호자의 책임: 국가·지자체와 보호자가 함께 영유아를 건전하게 보육해야 한다는 책무. 셋째, 보육정책을 심의·조정할 순천시 보육위원회(이후 보육정책위원회) 설치 근거. 넷째, 보육 정보 제공과 상담을 담당하는 보육정보센터 설치·운영 근거.

이런 구조를 통해, 어떤 원칙 아래, 어떤 방식으로, 누구를 위해 보육을 지원할 것인지를 제도 안에 담고자 했다. 아이와 부모, 보육 교직원 모두를 고려한 틀을 만들고 싶었다.

조례는 시가 보육 서비스 향상을 위해 예산의 범위에서 필요한 경비를 지원할 수 있도록 했기 때문에 이를 통해 국공립·민간 어린이집에 대한 운영비·시설 개선비 지원, 우수 보육 교사·장기 근속 교사 지원, 처우 개선 사업, 취약 계층·저소득 가정 영유아 보육료 추가 지원, 시간 연장·야간 보육 등 돌봄 사각지대 보완 사업 등을 할 수 있는 근거를 마련했다. 물론 구체적인 각각의 내용들은 나중에 개별 지침과 예산 사업으로 구체화되지만, 어쨌든 순천시가 영·유아 보육 분야에 대해서 책임을 갖고 예산을 쓸 수 있다는 부문을 명시한 것은 큰 성과였다.

영·유아 보육은 부모와 민간 시설이 알아서 할 일이라는 인식을 시가 책임져야 할 공공 서비스이자 사회 인프라라는 인식으로 바꾸고, 그에 맞는 위원회·정보센터 같은 조직, 예산 지원 근거를 마련한 계기가 됐다.

큰 틀에서 보면 선언적 문구도 있지만, 그 선언을 실제 제도·예산·조직으로 연결할 수 있게 만드는 틀이었기 때문에, 이후 순천 보육 정책의 '뼈대' 역할을 했다고 믿고 있다.

## 3. 시장 골목의 목소리, 제도가 되다

### 상가 번영회에서 만난 상인들

"요즘 장사가 안 돼 너무 어렵습니다."

순천시 중심가에 있는 한 재래시장의 상가 번영회 간담회 자리에 초청을 받아 현장에서 상인들을 만난 날이었다. 시민들의 삶을 위한 좋은 정책을 만들고, 예산을 편성하고, 조례를 만들려면 현장을 다니며 시민들을 만나고 그들의 이야기를 직접 듣는 것보다 좋은 방법은 없다. 그렇기 때문에 시민들의 부르는 자리면 시간을 내서 꼭 가보려고 한다. 그날도 마찬가지였다.

상가 번영회의 간담회 자리에 죽 늘어앉은 상인들의 표정이 무척

어두웠다. 말 한마디를 건네기도 전에 얼굴만 봐도 장사가 얼마나 안 되는지 알 수 있을 것 같았다. 상인들은 소상공인을 위한 정책 자금도 필요하고, 상가의 시설 개선을 위한 지원도 필요하다며 여러 가지 이야기들을 푸념처럼 쏟아 냈다. 그러던 중 한 상인이 툭하고 말을 던졌다.

“아니면, 주말이나 휴일에 공영 주차장 요금이라도 좀 무료로 해 주든가요. 평일에 유료 운영하는 건 이해합니다. 그런데 주말이나 휴일까지 돈을 받으니 손님들이 너무 부담스러워 합니다. 장사 좀 할 수 있게 그때만이라도 무료로 하면 안 되겠습니까?”

무심코 나온 이야기였지만 충분히 일리 있는 지적이었다. 그런 일이라면 뭔가를 새롭게 짓거나, 엄청난 의사 결정이 필요한 일도 아니었다. 새롭게 막대한 예산을 투입할 필요도 없는 일이었다. 그 이야기를 들으며 현실적으로 충분히 가능성이 있는 일이라는 생각이 들었다. 기존 제도의 틀 안에서 운영 방식을 조정하면 해 볼 수 있는 일처럼 보였다.

당시 순천의 공영 주차장은 ‘순천시 주차장 조례’에 따라 1년 365일, 연중무휴로 유료 운영되도록 정해져 있었다. 오래 전부터 시 재정에 도움이 된다는 이유로 유지되어온 규정이라 너무나 당연하게 받아들이고 있었다.

나 역시 가끔씩 공영 주차장을 유료로 이용해 온 시민 입장이었지만 그것이 큰 불편이라는 생각을 하지 못했다. 그러나 그날 상인의 말을 들으며, 이 당연함이 누군가에게는 생업을 위협하는 부담일 수 있다는 사실을 새삼 깨닫게 되었다.

## 조례의 문을 두드리다

시의회로 돌아와 '순천시 주차장 조례'를 처음부터 다시 살펴보았다. 공영 주차장은 시장이 설치·관리하거나 민간에 위탁할 수 있도록 되어 있었고, 운영 방식과 요금 징수, 감면 기준 등 모든 구조가 '요금 부과'를 중심으로 짜여 있었다. 조례 어디에도 '공휴일'이나 '야간' 무료 개방에 대한 조항은 찾아볼 수 없었다.

조례 개정안을 준비하기 시작했다. 머릿속에 정리한 개정의 핵심은 세 가지였다. 일요일과 공휴일에는 공영 주차장을 무료로 개방한다. 시가 직접 운영하든, 민간에 위탁했든 동일한 조건을 적용한다. 평일 야간(오후 8시 이후)에는 요금을 감면하거나 무료로 한다.

이런 내용을 포함시켜 나를 포함한 동료 의원 13명의 공동 발의로 순천시 공영 주차장을 공휴일과 평일 밤에 무료로 개방하는 내용의 조례안을 의원 발의했다. 당시 재래시장 사용료 인상과 공영 주차장

순천 웃장에서 시장 상인들과.

요금 부담에 시달리던 상인들의 요구가 반영된 조치라는 설명도 덧붙였다.

"괜히 세수만 줄어드는 것 아닙니까?"

"민간 위탁 업체와의 계약은 어떻게 할 겁니까?"

일부에서 우려를 제기하기도 했지만 그것이 넘지 못할 큰 장애물은 아니었다. 공영 주차장은 시민의 세금으로 만든 공간이고, 시민이 주인인 시설이라면, 주말과 휴일만이라도 시민에게 돌려주는게 맞다고 생각했다. 시 재정이 줄어든다고 하지만 대신 시민의 발걸음이 돌아오고, 시장이 활기를 되찾아 세수가 늘어난다면 시에도 더 큰 이익이 될 수 있다는 점을 강조했다.

몇 달간의 의견 조율과 상임위 심사를 거쳐, '순천시 주차장 조례 일부개정조례안'이 시의회 본회의를 통과했다. 개정안이 시행되자, 순천의 공영 주차장들은 주말과 공휴일, 그리고 평일 야간에 문을 활짝 열기 시작했다. 시내 상가와 전통시장 주변의 반응이 특히 좋았다.

"이제는 차를 세워 두고 천천히 둘러볼 수 있어서 좋다."

"매출이 조금씩 나아지고 있어요."

시장 골목에서 이런 말을 들을 때마다, 시의원으로서 의정 활동의 보람을 다시 한 번 느낄 수 있었다. 조례 한 줄이 시민의 일상을 바꿀 수 있다는 사실, 그것이 바로 정치의 힘이 아닐까.

이후 이 조례는 전통시장과 구도심 상권 활성화, 시민 부담 완화라는 취지로 일요일과 공휴일뿐만 아니라 토요일까지 무료 개방을 확대하는 조례로 개정됐다.

공영 주차장을 단순한 수익 시설이 아니라, 전통시장·구도심 상권을 뒷받침하는 공공 인프라로 재위치시키는 결정이었다. 이후 이 경험을 바탕으로 전통시장 전용 공영 주차장 조례가 따로 만들어지고, 공영 주차장 위탁 관리의 투명성과 공정성을 강화하는 후속 개정들이 이어졌다.

꽤 오래전 일이지만 요즘도 가끔 주말에 시내에 볼일이 있어 나갔다가 공영 주차장에 차를 세울 때면, 괜히 한 번 더 주변을 둘러보며 그때 시장 골목에서 들었던 목소리들을 떠올리곤 한다. 이후 도의원을 할 때도 늘 우리 주변, 가장 가까운 곳에 있는 소상공인들의 삶에 관심을 갖고 그들을 위한 정책을 만들어 내야겠다는 마음을 다지곤 했다.

그런 내 마음을 알아 주었는지 지난 2025년 2월에는 전국소상공인연합회로부터 목민 감사패라는 큰 상을 받았다. 서울에서 수상식을 해야 하는데 비상계엄과 탄핵 여파로 순천에 있는 전남연합회 사무실에서 수상을 하게 되어 조금 아쉬웠지만 그 의미를 생각하면 너무 감사한 마음이었다. 의정 활동과 관련하여 많은 상을 받았지만 목민 감사패는 소상공인들이 직접 선정하여 주는 상이어서 더욱 귀하고 의미가 남다랐다. 안 그래도 소상공인들이 가뜩이나 힘든 상황인데 그들에게 조금이라도 힘이 될 수 있었다는 것에 감사하고도 뿌듯한 마음이었다.

남도일보 '기고문'
2022년 12월 15일

## '따듯한 연대' 기적의 또 다른 이름은 나눔입니다

겨울의 황량함이 두렵지 않은 이유는, 다가올 봄을 향한 따뜻한 기대감 때문일 것이다. 막막한 황무지에도 씨앗은 움트고 꽃은 피어난다. 마치 우리의 삶처럼 말이다. 전남도 곳곳엔 차가운 세상에 온기를 전하는 한 떨기의 꽃과 같은 이들이 있다. 어려운 이웃들 밥 한 끼 든든하게 챙겼으면 하는 마음으로 김장김치와 밑반찬을 나눔하는가 하면, 직접 농사를 지어 추수한 쌀을 십수년째 지역 저소득 가정을 위해 기탁하기도 한다.

언론을 통해 전해지는 전남도 내 나눔 소식은 촘촘한 휴먼 네트워크가 지역 사회를 보호하는 가장 최전방의 울타리가 돼, 사회의 영속을 이끌어 나가고 있음을 확인시켜 준다. 사실, 올해의 겨울은 그 어느 때보다 혹독하다. 러-우크라이나 전쟁의 여파로 물가와 유류비가 폭등했고 3년 넘게 이어진 코로나는 재유행의 정점을 찍으며 여전히 맹위를 떨치고 있다. 지구 온난화에 따른 극심한 가뭄과 반복된 폭우는 일상의 삶과 터전을 크게 훼손시켰고, 고물가, 고금리, 고환율까지 3高 시대가 지속되며 민생 경제는 속절없이 무너지고 있다.

하지만 이렇게 힘든 시기야말로 누군가에겐 도움이 더 절실한 시기일 수 있다는 것을 우리는 안다. 작은 온정의 손길이, 가장 낮고 어려운 곳에서는 힘든 삶을 지탱하는 유일한 힘이기 때문이다.

전남도는 복지 위기 가구 제로화를 위해 지난 두 달여 간 민·관 합동 일제 조사를 실시해 맞춤형 복지를 지원하고 있다. 지난 8월 투병 생활과 생활고에 시달리면서도 국가 지원을 받지 못하고 세상을 떠 난 '수원 세 모녀 사건'과 같은 일이 발생하지 않도록 세심한 노력을 펼치고 있다. 더불어 2023년에는 사회 취약 계층 등 위기 가구를 지원하는 '우리 동네 복지 기동대'의 대대적 확대 계획도 밝힌 바 있다.

의회 또한 전남도의 위기대응 체계 구축에 적극 협력하고 복지의 사각지대에 놓인 고통받는 도민이 발생하지 않도록 의정 역량을 집중해 면밀히 살필 생각이다.

특히, 제12대 도의회는 지난 7월 민생 문제를 총괄할 민생경제살리기 특위를 구성한 바 있다. 민생 현안에 대한 선제적이고 탄력적 대응이 복지의 일환이라는 생각에, 실태 조사를 비롯해 지원 정책을 발굴하고자 의회 차원에서 지역 경제의 위기 상황을 전반적으로 살펴 나가고 있다.

전남도의 최대 현안인 민생 문제를 꼼꼼히 챙기는 한편, 도민이 체감하는 현실의 삶이 나아질 수 있도록 전남도의 주력 산업인 농어업과 도내 여러 기업에 대한 금융 지원 방안, 특별 고용을 위한 지원 대책 마련에도 최선의 노력을 기울여 나갈 계획이다.

때맞춰 나눔의 온도를 높이는 의미 있는 행사도 진행되고 있다. 이웃에게 기부한 만큼 온도가 올라가는 사랑의 온도탑이 최근 전남도청 한가운데 세워졌다. 1월 31일까지 설치 운영되는 이 '사랑의 온도탑'은 경기 침체 상황에서 더욱 절실해진 나눔 실천을 독려하고자 세워졌다. 목표 금액을 1% 달성할 때마다 1도씩, 목표 금액을 다 채우면 100도가 된다.

올해 전남도의 목표액은 99억 2천만원으로 모금액은 복지 사각지대에 놓인 이들의 긴급 생계비와 의료비, 코로나 19로 일시적 어려움에 처한 취약 계층을 돕는데 사용된다.

지난해 전남은 100도를 초과해 100.9도를 기록했다고 하는데 '같이의 가치'를 아는 도민들의 열정적 참여 속에 120도, 150도까지 사랑의 온도 탑이 끓어오르기를 기대한다.

소외되고 낮은 곳에서 발견해 낸 희망이야말로 현실 세계에서 경험할 수 있는 가장 큰 기적이 아닐까. 누군가를 위해 삶을 이길 힘을 생성해내며 일상 속 기적을 실천하는 전남도 곳곳 나눔의 천사들에게 찬사를 보낸다. 더불어 기부와 나눔으로 완성된 이 따뜻한 연대가 도민들의 삶 속에 자연스러운 한 부분으로 정착하길 바란다.

## 4. 도시를 바꾸는 행정의 힘

### 난개발의 신호, 교통부터 무너진다

순천은 동천을 중심으로 조곡동·용당동·서면 일대에 아파트 인허가가 무분별하게 쏟아진 시기가 있었다. 아파트는 계속 올라가는데, 정작 도로 체계와 교통 대책은 제자리걸음이었다. 건건이 인허가만 내주고, 도시 전체를 보는 시야가 부족했던 탓이다.

도로는 그대로인데 인구와 차량만 늘어나면, 그 부담은 고스란히 시민이 떠안게 된다. 출퇴근 시간마다 꽉 막힌 도로, 응급 환자를 태운 구급차가 제때 움직이지 못하는 상황, 아이들을 태운 통학 버스가 지각을 밥 먹듯이 하는 현실이 모두 그런 결과였다.

실제로 이 문제가 심각하게 터져나온 곳이 연향2지구였다. 2000년대 초, 연향2지구에는 호반1·2차 아파트가 들어서면서 약 2천 세대, 6천 명이 새롭게 거주하게 되었는데 교통에 대한 대책이 전혀 없다보니, 2개 단지 아파트 쪽으로 진입하는 도로가 사실상 한 곳뿐인 상황이었다. 게다가 문화·복지 시설도 거의 없는 상황에서 교통 혼잡이 유독 심해 차량 통행이 곤란하다는 지적이 이어졌다.

출퇴근 시간마다 상습적으로 정체가 발생했고, 주민 민원은 끊이지 않았다. 그런 상황에서 엎친데 덮친격으로 그 뒤편으로 또 다른 아파트 단지가 들어설 계획이 나왔다. 연향2지구에 코아루아파트가 2002년 7월 16일 허가 신청이 되고, 여기에 더해 2004년 4월 20일에 이마트가 들어올 예정이었다.

이런 상황 속에서 아무런 교통 대책 없이 인허가가 진행된다면, 그 지역은 말 그대로 '섬'이 될 수밖에 없었다. 나는 시의회에서 이 부분에 대해서 문제를 지적했다.

"교통 대책 없이는 인허가에 동의할 수 없다."

그 원칙에 따라, 아파트 시행사들에게 기존 진입 도로만으로는 추가 교통량을 감당할 수 없으니, 호반 2차에서 주요 간선 도로와 연결되는 우회 도로를 사업자 부담으로 개설할 것을 요구했다. 사업자 입장에서는 적지 않은 추가 비용이 들 수밖에 없는 일이었다. 그러나 이 도로 없이는 추가 개발이 사실상 불가능하다는 점을 분명히했다.

교통영향평가 결과와 주민 민원을 근거로, 인허가 조건에 도로 개설을 포함시키는 방식이었다.

결국 시행사들이 비용을 분담했고, 그에 따라 도로가 개설됐다. 그와 함께 연향2지구 일대 교통 체증 해소와 주차난 해소를 위해 우회 도로 개설, 공원 주차장 조성 등 후속 교통 대책이 연쇄적으로 추진됐다.

만약 그때 그렇게 하지 않았다면 어떻게 됐을까. 아파트는 예정대로 준공됐을 것이고, 교통 불편은 현실이 되었을 것이다. 그리고 몇 년 뒤, 민원이 쏟아졌을 때 새롭게 도로를 만드느라 시민이 낸 세금으로 도로를 만들었을 것이다.

## 인허가권의 적극적인 행사

그래서 내가 강조해 온 것이 '총량제 관리'다. 아파트 한 동, 한 단지를 따로 볼 게 아니라, "이 일대에 앞으로 몇 세대가 늘어나는가", "그로 인해 발생할 교통량을 감당할 도로·교통 인프라가 있는가"를 전체 그림으로 봐야 한다.

만약 내가 시장이었다면, 일정 규모 이상의 아파트 인허가는 총량

제로 묶고, 그에 따른 도로·교통 인프라를 사업자들에게 분담시키는 방식을 택했을 것이다. 예컨대 아파트 10개 단지가 들어선다면, 시행사들에게 일정 금액을 분담하게 해 순환 도로와 우회 도로를 미리 개설하는 식이다. 그렇게 하지 않으면, 결국 나중에 모든 비용은 시민의 세금으로 돌아온다.

행정이 갖고 있는 인허가권에 대해서 다시 생각해 봐야 한다. 인허가권은 '소극적 권한'으로 감춰 둘 것이 아니라 적극적으로 행사해야 한다. 많은 지방 자치 단체에서 "행정 소송에 걸리면 곤란하다", "법대로 해 준 것뿐이다"와 같은 논리로 인허가권을 소극적으로 행사해야 할 것처럼 생각한다.

행정 현장에서 흔히 듣는 말이다. 하지만 인허가권은 단순히 서류에 도장을 찍는 권한이 아니다. 조건을 걸고, 요구하고, 조정하라고 주어진 권한이다.

실질적인 인사권과 결재권, 인허가 최종 권한은 단체장이 쥐고 있다. 단체장이 원칙을 세우지 않으면 행정은 가장 편한 길로 흐른다. 업자 편에서 인허가를 내주고, 문제는 나중에 시민의 세금으로 수습하는 구조가 반복된다.

경험 없는 행정은 무능으로 이어질 수밖에 없다. 경험이 없는 사람은 선의가 있더라도 무능해질 수밖에 없다. 행정을 모르는 단체장이 자리를 맡으면, 시정은 두 가지 중 하나로 흐른다. 하나는 공무원 조직에 끌려다니는 행정이고, 다른 하나는 분노와 독선이 앞서는 폭정이다.

행정에서 갖고 있는 인허가권 하나하나가 시민의 일상과 직결된다는 감각이 없다면, 도시는 순식간에 무너진다. 도시 계획, 교통, 환경, 교육 어느 것 하나 인허가와 무관한 것이 없다.

도시 행정은 언제나 사후 수습이 아니라 사전 예방이어야 한다. 인허가 단계에서 교통·환경·교육·기반 시설을 함께 보고 조건을 달지 않으면, 언젠가는 누군가의 세금과 불편으로 되돌아온다. 인허가권은 '도장을 찍는 권한'이 아니라, 도시의 미래를 설계하는 힘이다. 그 힘을 누구를 위해, 어떤 원칙으로 쓸 것인가가 행정을 가르고, 도시의 운명도 함께 갈라놓는다.

# 5. 인생 첫 패배와 새로운 도전

## 열린우리당 간판을 달고 맞은 첫 패배

2006년 제4회 전국 동시 지방 선거에서 나는 순천시의원 재선에 도전했다가 낙선했다. 첫 선거에서 비교적 넉넉하게 당선되었고, 4년 동안 나름 치열하게 의정활동을 해왔기에 나 자신은 물론 주변에서도 재선을 당연하게 여기는 분위기가 있었다.

하지만 결과는 끔찍했다. 그것도 3명을 뽑는 선거에서 무려 4위라는 처참한 패배였다. 돌이켜보면 내 인생에서 거의 처음 맛본 패배가 아니었을까 싶다. 초등학교 반장 선거부터 대학 입시, 대학 입학 후 학내의 여러 학생회 관련 선거, 2002년 시의원 선거까지 거의 모든 경쟁에서 이겨만 보며 살아왔던 내게, 이 패배는 인생에서 처음 제대로 맛보는 실패에 가까웠다. 그래서였을까. 낙선이 현실로 다가왔을 때 내가 받았던 충격과 허탈감은 무척이나 컸다.

그래도 굳이 위안을 삼아 본다면 운이 나빴다고 하고 싶다. 그 선거는 여러 악재가 한꺼번에 겹친 선거이기도 했다. 정치에 입문할 때 나는 민주노동당 소속이었지만 재선에 도전할 때는 열린우리당으로 당적을 옮겨 그 간판을 달고 출마했다. 문제는 그때 열린우리당의 인기가 바닥이었다는 점이다.

열린우리당은 2004년 17대 총선에서 탄핵 역풍을 타고 압승하며 한때 높은 지지를 받았지만, 이후 개혁 입법 과정에서의 갈등과 당내 분열, 정권 후반기 민심 이반이 겹치면서 2006년 지방선거 때에는 전국적인 인기가 바닥까지 떨어져 있었다. 그런 상황에서 나는 당에서도 '가번'이 아닌 '나번'을 배정받았고, 이전 소속 정당인 민주노동당에서도 같은 선거구에 후보를 내는 바람에 애매한 상황에 처했다. 진보 성향의 표가 갈라진 것은 물론이고, 일부 기존 지지층에서는 "차라리 예전처럼 무소속으로 나왔으면 더 편했겠다"는 말까지 나왔다.

선거 제도 변화도 부담이었다. 한 명만 뽑던 소선거구제에서 여러 명을 뽑는 중선거구제로 바뀌면서 선거판의 계산법이 완전히 달라졌다. "서동욱은 혼자서도 되니까, 다른 후보 좀 도와주자"는 식의 이야기가 여기저기서 들리기 시작했다. 지금 돌이켜보면 소속 정당부터, 선거 전략, 메시지, 캠페인 방식까지 어느 하나 유리한 것이 없었다. 무엇보다 새로운 제도와 구도에 나 자신이 충분히 적응하지 못했다는 책임을 인정하지 않을 수 없다.

낙선이라는 결과가 확정되었을 때, 머리로는 "선거는 질 수도 있다"고 되뇌었지만, 마음은 전혀 따라 주지 않았다. 낙선 직후 몇 달은 말 그대로 고통의 연속이었다. 겉으로는 "괜찮다, 다음에 다시 하면 된다"고 담담한 척 말하면서도, 쉽게 그 충격에서 벗어나지 못했다.

한밤중에 자다가 벌떡 일어나서 "내가 뭘 잘못한 걸까, 그때 다른 선택을 했다면 결과가 달라졌을까" 같은 생각들이 머릿속을 떠나지 않았다. 처음에는 모든 책임을 온전히 내 탓으로 돌리며 "다 내가 부족해서 그렇다"고 스스로를 달래 보기도 했다. 하지만 시간이 조금 흐르자, 그 방식이 멘탈을 지키는 것이 아니라 오히려 서서히 갉아먹는 길이라는 것을 알게 되었다.

## 처음 겪는 패배에 멘탈이 흔들리다

정치인들이 선거에 떨어진 뒤 외국으로 나가 몇 달씩 지내며 마음을 추스른다는 이야기를 들을 때마다 솔직히 '호사스럽다'고만 생각했다. 그런데 막상 내가 직접 낙선의 상황을 겪고 나니, 그 마음이 조금은 이해가 되었다. 한 번 무너진 마음이 쉽게 돌아오지 않고, 아무렇지 않은 척 일상으로 복귀한다 해도, 속에서는 계속해서 낙선 장면이 되감기처럼 반복되기 때문이다. 나 역시 "이대로는 안 되겠다, 잠시 숨을 고르고 다시 에너지가 생길 때까지 다른 자리에서 일해 보자"는 생각을 하게 되었다.

그 무렵 내게 손을 내밀어 준 사람이 서갑원 국회의원이었다. 서갑원 의원은 순천 출신으로, 1990년대 초 노무현 민주당 최고위원 비서로 정치를 시작해 국회의원 보좌관, 청와대 의전비서관·정무1비서관을 거쳐 2004년 제17대 국회의원 선거에서 열린우리당 후보로 순천에서 당선된 인물이었다. 그는 중앙 정치와 순천 지역을 동시에 이해하는 몇 안 되는 정치인이었고, 나에게는 한 세대 앞서 정치를 걸어가고 있는 선배이기도 했다. 낙선의 충격으로 방황하던 시기에 그는 "함께 일해 보자"며 지역 보좌관 자리로 나를 불러 주었다.

2006년부터 2010년 초까지, 나는 서갑원 의원의 순천 지역구 사무실에서 4급 보좌관으로 일했다. 국회 의원회관이 아닌 순천을 기반으로, 국회의원 지역 활동과 지역 정치를 총괄하는 역할이었다. 지역 민원을 접수·정리해 의원에게 보고하고, 순천시와 전남도, 각종 주민 단체와 소통하며 현안을 조율하는 일, 지역 예산과 국비 사업을 챙기고, 당무와 조직을 관리하며 지역위원회를 운영하고, 크고 작은 회의와 간담회를 기획·주관해 의제를 만들어 가는 일이 내 몫이었다. 시의원 시절에는 '순천 시의회'라는 한정된 공간과 권한 안에서만 움직였다면, 이때는 국회와 중앙정부, 광역·기초지자체, 지역 주민을 하나의 선으로 연결해 보는 법을 배웠다.

## 부도 공공임대주택 사태, 5만 세대가 길 위에 서다

그 시기 가장 깊게 남은 일은 부도 공공 임대 주택 사태와 관련해 서갑원 의원이 특별법을 추진하던 과정에 함께 했던 기억이다. 2000년대 중반, 국민주택기금을 받아 지은 공공 임대·공공 건설 임대 주택들이 잇따라 부도가 나면서 전국적으로 수만 세대의 임차 가구가 보증금을 돌려받지 못한 채 쫓겨날 위기에 놓였다. 서민 주거 안정을 위해 도입한 공공 임대 주택 제도가 오히려 서민을 파산과 거리로 내모는 역설적인 상황이 펼쳐지고 있었다. 전국 곳곳에서 부도 임대 아파트 입주민들이 대책위를 꾸려 집회와 농성을 이어갔고, "보증금을 온전히 보장해 달라"는 절규가 정치와 언론의 주요 쟁점이 됐다.

서갑원 의원은 국회 건설교통위원회 소속 의원으로서 이 문제를 집중적으로 파고들었다. 국민주택기금 운영이 특정 은행에 사실상 독점 위탁된 구조이기 때문에 심사가 느슨해졌고, 영세·부실 건설업

체에게까지 무분별하게 자금이 공급된 결과 대규모 부도가 발생했다고 꼬집었다. 서민 주거 복지를 위해 조성된 기금이 "눈먼 돈처럼 쓰였다"는 비판과 함께, 주택금융공사 등 공기업이나 다수 금융 기관이 참여하는 구조로 개편해야 한다는 제도 개선 방안도 제시했다.

하지만 제도 개선만으로는 이미 부도가 난 단지의 입주민을 구제하기 어렵다는 점이 분명해지자, 서갑원 의원은 별도의 특별법을 추진하기로 했다. 서갑원 의원이 대표 발의한 법안이 바로 '부도 공공 임대 주택 임차인 보호를 위한 특별 법안'이다. 이 법안은 부도 공공 임대 주택 임차인의 임대 보증금을 보호하고, 장기간 안정적으로 거주할 수 있게 하는 내용을 골자로 하고 있으며 2006년 서갑원 의원 등 21인이 '부도 공공 임대 주택 임차인 보호를 위한 특별 법안'을 발의했다.

특별법의 내용은 부도 공공 임대 주택 임차인의 임대 보증금을 전액 또는 최대한 보호하고, 부도 난 임대 주택을 국가·공공 기관이 매입해 국민 임대 주택 등으로 재공급하며, 임차인이 기존 거주지에서 계속 거주할 수 있도록 우선 입주권 보장 등의 내용을 담고 있었다.

이 특별법은 전국을 대상으로 한 법이었지만, 내게는 무엇보다 순천의 문제이기도 했다. 순천에도 금강아파트, 드라마시티 같은 부도 임대 아파트 단지들이 있었고, 입주민들은 "보증금 한 푼 못 받고 길거리에 나앉게 생겼다"고 울분을 토하며 시청 앞과 단지 안에서 매일 같이 집회를 열고 있었다. 시의원 시절에는 '조례'와 '시 예산'이라는 도구만 가지고 싸웠다면, 이때는 '법'이라는 훨씬 더 큰 도구가 어떻게 만들어지고, 또 어떻게 사람을 구할 수 있는지 가까이서 보게 되었다.

지역 보좌관으로서 나는 순천에서 부도 임대 아파트 입주민과 대책위 주민들을 만나 피해 상황을 듣고 특별법 추진 상황, 국회 논의 내용을 주민들에게 설명했다. 순천 사례를 포함한 현장 자료를 수집해 건설교통위원회 논의 과정에 전달하고, 집회와 간담회 현장에서는 주민들의 분노와 불안을 함께 버티며, 협상 결과를 공유했다.

시의원으로 일할 때의 나는 늘 '순천'이라는 작은 공간 안에서 세상을 봤다. 골목, 학교, 시장, 아파트 단지, 그 안에 사는 사람들. 그런데 국회의원 보좌관으로 일하는 동안에는 자연스럽게 전국이라는 스케일로 사안을 보게 되었다. 부도 임대 아파트 문제도, 연향2지구 교통 문제도, 순천 한 도시의 이야기를 넘어서 구조적 문제와 법·제도 차원의 대책을 고민해야 할 주제로 다가왔다.

돌이켜보면, 2006년의 낙선은 내 정치 인생에서 가장 쓰라린 기억이지만, 동시에 그 패배 덕분에 서갑원 의원과 함께한 4년의 경험을 얻을 수 있었다. 그 시간 동안 "중앙 정치가 지역의 삶과 어떻게 맞닿는지", "법과 조례가 어떻게 사람을 살릴 수도 있고, 반대로 힘들게도 할 수 있는지"를 가까이에서 보고 배울 수 있었다. 그리고 언젠가는 다시 시민들 곁으로 돌아가야겠다는 마음을 단단히 다질 수 있는 소중한 시간이 되어 주었다. 4년간의 보좌관 생활을 마치고 더 큰 무대로 도전을 이어 나갔다.

# Chapter III

# 정치는 현장에서 완성된다

# 1. 4선 도의원의 16년

## 도의원에 첫 도전

4년 동안 국회에서 서갑원 의원의 순천 지역 보좌관으로 일하면서, 법과 예산이 어떻게 만들어지는지를 가까이서 지켜봤다. 국회 상임위 회의실에서 부도 임대 아파트 특별법 같은 법안이 논의되고, 그 결정이 다시 순천의 아파트 단지와 시장 골목으로 내려오는 과정을 보면서 "중앙정치가 지역의 삶과 어떻게 맞닿는가"를 몸으로 배울 수 있었다. 동시에 이런 생각도 점점 또렷해졌다.

"결국 지역을 바꾸는 사람은, 다시 현장에서 시민의 표로 선택받아 책임지는 자리에 서 있는 사람이어야 한다."

그 고민의 결론이 바로 2010년 전라남도의회 도전이었다. 2006년 순천시의원 재선 도전에 실패한 지 4년 만이었고, 국회의원 보좌관으로서의 시간을 마무리하며 다시 선출직 정치의 길로 돌아가겠다고 마음먹은 순간이었다. 2010년 6월 2일 실시된 제5회 전국 동시 지방 선거에서 나는 민주당 후보로 전라남도의회 의원 선거에 나섰고, 당시 내 나이 41세로 민주당이 공천한 전남도의원 후보들 가운데 최연소 후보였다.

32세에 순천시의원에 당선됐고, 9년이라는 시간이 흘러 41세에 전라남도의원이 되었다. 많은 시간이 흘렀지만 여전히 젊었고, 그랬기 때문에 할 일이 더 많을 것이라고 생각했다. 당시 민주당이 공천한 최연장 후보가 60대 중반이었음을 감안하면, 당시 전남도의회 선거판에서 40대 초반 후보는 분명히 이례적인 존재였다.

2010년 제5회 전국 동시 지방 선거에서 민주당 후보로 전라남도의회 의원 선거에 출마하여 당선되었다. 압도적인 승리였다.

하지만 선거는 여러 가지 모습을 갖고 있다. 겉으로 보면 쉬워 보여도 어려운 선거가 있고, 어려워 보이지만 쉬운 선거도 있다. 본선이 쉬운 선거는 당내 경선이 어렵고, 본선이 어려운 선거는 당내 경선이 쉬운 경우도 있다.

2010년 이후 2014년, 2018년, 2022년까지 네 번 연속 선택을 받으면서 16년 동안 도의원으로 뛰었으니 도민들로부터 과분한 사랑을 받았다고 생각한다.

그 기간 내내 스스로 붙잡아온 원칙은 단순했다. 선거는 '안티'를 만들지 않고 '신뢰'를 쌓는 방향으로 치러야 오래 간다는 것, 그리고 유불리를 따져 사람과 마을을 갈아타지 않는다는 것. 정치는 결국 사람 사이의 약속이고, 그 약속을 반복해서 지키는 시간이 신뢰를 만든다고 믿었다.

## 순천의 몫을 찾아오는 정치

순천은 경제·인구·예산 규모로 보면 전남에서 손꼽히는 도시다. 그런데 정치적으로는 늘 변방 취급을 받는다고 느꼈다. 도 전체의 의사결정 구조에서 동부권, 특히 순천의 몫이 정당하게 평가받지 못한다는 문제의식이 있었다.

그래서 도의원 16년은 순천을 대표해서 순천의 목소리를 더 크게 만들기 위해 영향력을 키워 온 과정이라고도 할 수 있다. 상임위원장, 운영위원장, 원내대표, 그리고 의장에 이르기까지 역할이 커질수록 지역을 대변할 수 있는 힘도 커진다고 봤다.

이 과정에서 나는 전남도 전역을 대상으로 한 제도적 의제들도 끌어올렸다. '전라남도 개발 이익 도민 환원 촉진 조례'를 대표 발의해,

전남도의회 의장 당선 후 본회의 진행.

대규모 개발 사업에서 발생하는 이익을 도민에게 환원할 수 있는 기본 원칙과 도지사의 책무, 환원 대상 사업, 도민 의견 수렴 절차 등을 명문화했다. 전남 전역에서 시행되는 모든 개발 사업의 정의로운 개발 기준을 새롭게 정립하는 출발점이었다. 또한 '전라남도 지진방재에 관한 조례'를 통해 지진 재해 예방과 피해 최소화를 위한 기본 계획 수립, 교육·훈련, 대응 체계 구축의 근거를 마련하면서 "재난은 정치가 미리 제도로 준비해야 한다"는 인식을 제도화했다.

## 조례보다 먼저 '감시'와 '질문'

광역의원의 일을 해보니 기초의원 시절과는 결이 달랐다. 생활 민원도 다루지만, 더 큰 비중은 도정 전반을 감시하고, 예산과 행정을 추궁하며, 제도가 바뀌게 만드는 것이다. 그 역할에 충실하려고 했다.

초선 시절부터 전남의 굵직한 현안 앞에서 도정 질문과 행정 사무 감사를 반복했다. 당시 전남 재정에 큰 부담이 되었던 대형 사업들을 놓고도 왜 이 사업이 필요한가에 앞서 재정 구조가 어떻게 흔들리는지, 회계와 결산이 어떻게 처리되는지까지 파고들었다. 그 과정에서 회계 전문가의 도움을 받아 재무 자료를 분석했고, 지적으로 끝나지 않도록 제도 개선의 방향을 함께 고민했다.

당장 눈앞에 보이는 문제도 문제이지만 다시는 같은 일이 반복되지 않게 만드는 정치가 필요했다. 그 때문에 원칙과 기준을 세우는 장치를 만들려고 했다. 이런 점은 개발 이익 환수, 지진방재, 농어촌 기본 소득 등 각종 의제에서 조례와 정책 제안으로 이어졌다.

그 과정과 성과는 외부에서도 인정받았다. 대한민국 시도의장협의회가 수여하는 '우수 의정 대상'을 여러 차례 수상했고, '호남을 빛낸 인물 대상' 정치 부문, '자랑스런 한국인 대상' 등을 받으며 '현장 중심, 일 잘하는 광역의원'이라는 평가를 얻게 되었다.

## 지역 경제·상권을 지키는 의정 활동

순천과 동부권에서 큰 파장을 불러온 민간 개발·대형 유통 시설 이슈에서도 행정이 무엇을 근거로, 어떤 절차를 걸쳐 결정을 내렸는지를 끝까지 확인하려고 했다. 피해가 예상되는 소상공인·자영업자에 대해 상권 영향 평가의 적정성, 행정의 절차적 정당성, 피해 업종에 대한 구제 대책을 집중적으로 따졌다. 결정을 뒤집기 어려운 국면이 있더라도, 최소한 피해 대책을 협의 테이블 위로 올리고, 집행부가 책임 있는 보완책을 내놓게 만드는 것이 의원의 역할이라고 생각했다. 실제로 이런 문제제기가 협의의 물꼬가 되는 경우가 적지 않았다.

비슷한 맥락에서 신대·선월지구 개발 이익 환수 문제를 공개적으로 제기하고, 개발로 생기는 이익을 도민과 함께 나누자는 의제를 도의회 차원에서 제도화한 것도 16년 의정 방식의 연장선이다. 개발이익 도민 환원 조례 제정, 특별위원회 구성 등은 지역 경제·상권을 지키기 위한 구조적 장치들을 의회가 앞장서 마련한 사례로 남았다.

정치는 결국 신뢰의 누적이다. 32살에 시의원으로 정치를 시작했고, 국회 보좌관으로 중앙을 경험했고, 도의원으로 16년을 일했다. 역할은 계속 바뀌었지만, 끝까지 놓지 않은 것은 초심과 약속이었다. 4선 16년은 순천의 몫을 지키기 위해 힘을 키워 온 시간이었다. 그리고 그 시간의 누적 위에서, 20년 만에 다시 순천 출신 도의장이 탄생할 수 있었다는 생각이다.

## 2. 민원이 풍년입니다

### "아무도 내 말을 들어주지 않았다"

2013년 12월, 순천시청 앞에서 한 시민이 분신해 숨지는 참담한 사건이 있었다. 농지 개발과 관련한 민원이 수년간 받아들여지지 않자 절망 끝에 택한 극단적인 선택이었다. 당시 40대 초반이던 그는 "공무원이 마음먹으면 안 되는 것도 없고, 될 것도 안 되게 만든다"는 내용의 유서를 남겼다고 전해진다. 유족들이 공개한 글에는 행정 절차의 결과 이전에, 자신의 말을 제대로 들어주는 사람조차 없었다는 깊은 좌절과 분노가 고스란히 담겨 있었다.

고인은 농지에 주유소 건립을 위해 개발 허가를 신청했지만, "우량 농지로 보존 가치가 높다"는 이유로 불허 처분을 받았다. 이후 가스 충전소, 소매점, 농가 주택 등으로 용도를 바꿔 수차례 재신청했으나 결과는 같았다. 그는 행정심판과 행정 소송까지 제기하며 4년 가까이 다퉜지만 끝내 모두 패소했다.

이 과정에서 그는 "같은 지역에서 농지 전용이 허가된 사례가 있음에도 시청이 관련 자료를 제대로 공개하지 않았다"며 형평성 문제를 제기했고, 시청과 시의회를 상대로 수차례 민원을 제기했다. "휘발유를 뿌리고 죽어야 하느냐"는 극단적인 표현이 남아 있을 만큼 그는 벼랑 끝에 몰려 있었다.

사건 이후 순천시는 "법적 판단과는 별개로 소통 행정이 부족했다"고 공개적으로 유감을 표했다. 절차는 적법했을지 모르지만, 행정의 태도는 한 시민의 삶을 지켜 주지 못했다는 사실을 인정한 셈이었다. 이 사건은 지역 사회에 오래 남는 질문을 던졌다.

"절차만 지키는 행정이 과연 시민을 위한 행정인가."

## 민원은 '결과'보다 '과정'에서 폭발한다

이 사건을 떠올릴 때마다 내 머릿속에 남는 문장은 단 한 줄이다.

"아무도 내 말을 들어주지 않았다."

행정적으로 안 되는 사안은 분명히 있다. 법과 제도, 각종 지침이라는 울타리 안에서 불허 결정이 내려질 수밖에 없는 경우도 많다. 그러나 시민이 느끼는 억울함과 분노는 단지 '결과' 때문에 생기지 않는다. 왜 안 되는지, 무엇이 문제인지, 다른 선택지는 없는지에 대해 제대로 설명 받지 못했다는 느낌, 그리고 한 사람으로서 존중받지 못했다는 감정이 쌓일 때 민원은 단순한 요구를 넘어 응어리진 분노로 바뀐다.

민원 처리 방식과 관련된 논란을 보면 상황은 늘 비슷하다. 행정은 늘 "절차에는 문제가 없다"고 설명하지만 시민의 마음은 행정으로부터 멀어져 있다. 민원인의 입장에서 "법대로 했다"는 말은 "당신 이야기는 중요하지 않다"는 말로도 들릴 수 있다.

나는 이 간극이 바로 행정 불신의 출발점이라고 생각한다. 행정이 법과 절차만을 말하는 순간, 시민은 더 이상 대화의 상대가 아니라 관리의 대상이 된다. 그때부터 민원은 해결될 가능성을 잃고, 감정의 골만 깊어진다.

## 끝까지 듣는 것, 그것이 민원의 출발점

의정 활동을 하며 가장 많이 하는 일 중 하나가 바로 민원을 접하는 일이다. 수없이 많은 민원을 접하다 보니, 나름의 원칙이 생겼다. 첫째는 끝까지 듣는 것이다. 민원을 들고 찾아오는 시민 대부분은 사실 "이게 꼭 해결될 것"이라고 믿고 오지 않는다. 오히려 안 될 수도 있다는 사실을 알면서도, 억울함을 말하고 싶고 답답함을 털어놓고 싶어서 찾아오는 사람도 많다. 이때 가장 큰 상처는 "안 됩니다"라는 결론이 아니라, 이유도 설명하지 않은 채 던져지는 한마디다.

그래서 나는 민원을 받으면 그 자리에서 곧바로 "안 됩니다"라는 말을 하지 않으려 한다. 우선 "알아보고 다시 연락드리겠습니다"라고 말하고, 관련 법령과 행정 절차를 하나하나 확인한다. 그리고 다시 연락해 이렇게 설명한다.

"이 부분 때문에 법적으로는 어렵습니다. 다만 여기까지는 시도해 볼 수 있습니다. 이 정도의 대안은 검토해 보겠습니다."

결과가 달라지지 않더라도, 왜 안 되는지, 어디까지가 한계인지, 무엇을 시도해 볼 수 있는지를 충분히 설명 받은 민원인은 상대적으로 훨씬 잘 납득한다. 민원은 결과보다 과정에서 감정이 정리되는 경우가 훨씬 많기 때문이다.

재래시장에서 거리 민심 경청.

둘째는 민원은 해결만큼이나 '소화'가 중요하다는 점이다. 모든 민원을 해결할 수는 없다. 그러나 모든 민원을 소화하려는 노력은 할 수 있다. 들어주기만 해도 풀리는 감정이 있고, 설명만 제대로 해 줘도 억울함이 상당 부분 누그러진다. 이 차이를 만드는 것은 행정의 권한이 아니라 태도다.

이런 문제의식 속에서 전라남도는 도민의 생활 불편과 민원을 주민이 직접 발굴해 전달하는 방식의 제도를 도입했다. 민원을 기다리는 행정에서 벗어나, 먼저 찾아가 묻고 듣겠다는 시도였다. 나는 이런 제도가 도민과 행정 사이에 막혀 있던 통로를 트는 하나의 실험이라고 본다.

행정과 정치는 결국 사람의 삶을 다루는 일이다. 숫자와 서류, 규정으로만 접근하면 민원은 '처리해야 할 건수'가 되지만, 사람으로 바라보면 민원은 분명한 '신호'가 된다. 이 제도가 어디에서 막히고 있는지, 누가 가장 큰 불편을 겪고 있는지를 알려 주는 신호 말이다.

모든 문제를 해결하지는 못하더라도, 최소한 이렇게 말할 수는 있어야 한다고 생각한다.

"내 말을 끝까지 들어준 사람은 있었다."

오늘도 민원은 풍년이다. 그러나 그 속에는 불평만 있는 것이 아니라, 우리가 무엇을 고쳐야 하는지가 함께 담겨 있다. 듣는 순간부터, 변화는 시작된다.

광남일보 '기고문'
2023년 3월

# 외국인 노동자와 하나되는 세상이 필요하다

약자에게 겨울은 가혹한 계절이다. 작은 불운이 때로 걷잡을 수 없는 불행이 되어 돌아오기 때문이다. 2020년 겨울, 캄보디아 출신 여성 노동자가 사망했다. 영하 20도의 맹추위에 난방 시설 하나 없는 비닐하우스에서 생활하던 그녀의 실질적 사인은 동사였다. 열악한 환경에서 발생한 예견된 인재.

여론은 들끓기 시작했고 이듬해 고용노동부는 비닐하우스 내 컨테이너•조립식패널 숙소 제공을 불허하는 '외국인 근로자 주거 환경 지침'을 발표했다.

1년 반이 흐른 지금, 상황은 얼마나 달라졌을까? 안타깝게도 여전히 수많은 외국인 노동자들이 난방 시설도 없는 가건물에서 쪽잠을 자며 보호 장비가 부족한 환경에서 일하고 있다. 고용 환경 개선에 대한 근본적 대책이 마련되지 않는 한, 작은 불운에 목숨을 잃는 불행은 언제든 다시 발생할 수 있다는 이야기다.

법무부 자료에 따르면 전남에 등록된 외국인은 38,988명이다. 그중 고용허가제(B-9)로 등록된 외국인이 15,835명에 달한다. 수치가 증명하듯 외국인 노동자들은 전남 노동 시장을 담당하는 한 축으로 존재감을 키워 가고 있다. 노동 집약적인 농어업의 비중이 높고 초고령화 사회에 진입해 내국인만으로 일손 충당이 불가능한 전남도에 있어, 외국인노동자들은 놓쳐서 안 되는 필수 인력인 것이다. 때문에 함께 살아가야 할 사회구성원으로 이들의 인권과 노동권을 보장할 제도적 안전망은 반드시 필요하다.

이러한 전남도의 상황에 발맞춰 「전라남도 외국인 노동자 보호 및 지원 조례」 제정을 추진하고 있다. 오는 4월 대표 발의할 이 조례는 외국인 노동자 보호·지원을 위한 기본 재원과 시행, 실태 조사 지원 사업, 지원 센터의 설치·운영 관련 사항, 사업비 보조, 기관·단체 등과의 협력 체계에 관한 내용을 담고 있다. 외국인 노동자에 대한 정기적인 실태 조사와 지원 센터의 건립이 우선 추진되어야 한다는 점을 핵심으로 한다.

정기적 실태 조사와 외국인 노동자 지원 센터의 역할을 부각하는 데는 나름의 이유가 있다. 실태 조사는 정책의 입안과 실행의 방향성 설정을 위해 가장 기본적으로 추진되어야 하며 외국인 노동자  지원 센터는 전남 지역을 아우르는 컨트롤타워 기능을 한다는 점에서 필수적이다.

특히, 지원 센터는 정보와 소통의 구심점 역할을 전담할 수 있기에 반드시 건립되어야 한다. 데이터베이스를 구축하고 인력풀 관리와 운영을 용이하게 할뿐더러 일자리 중개와 알선 등 노동 환경을 보다 체계적으로 관리할 수 있게 한다. 사후 관리를 비롯해 인권 보호와 농작업 환경 개선 등 단계별 정책 추진에도 큰 도움이 된다. 필자는 후보자 시절부터 외국인 노동자 지원 센터 건립을 10대 공약 중 하나로 정하는 등 지속적으로 필요성에 대해 꾸준히 피력해 온 바 있다.

현재 전남도는 기본적인 취업 정보의 제공과 알선, 외국인 법률 상담 지원, 외국인 노동자 등 소외 계층의 의료비 지원까지 분야별 지원 정책을 추진하고 있다. 또한 추후 정착 주거비 지원 사업, 전남 적응 지원 프로그램 운영, 권역별 찾아가는 외국인 노동자 무료 진료소 설치 등 복지 방향을 확대하는 방안을 강구하고 있다.

「전라남도 외국인 노동자 보호 및 지원 조례」는 외국인 노동자와의 따뜻한 연대, 상생의 지혜를 구축하는 든든한 기반이 되어 전남도의 정책이 실효성을 높이는데 중추적인 역할을 하게 될 것이다.

조례가 정책으로 제대로 발현되기까지는 물론 더 세밀한 노력이 필요하다. 그러나 그 첫걸음이 될 「전라남도 외국인 노동자 보호 및 지원 조례」의 제정은 외국인 노동자들이 지역 사회의 새로운 구성원이자 존엄한 인격체로서 차별받지 않고 일할 수 있는 근본적인 환경 조성에 새로운 전환점이 될 것이다.

전남도 내 외국인 노동자들의 권익은 보호받아야 한다. 안정적인 고용 또한 보장되어야 한다. 이 당연한 상식이 우리의 사회 속에 온전히 구현되어야 한다. 「전라남도 외국인 노동자 보호 및 지원 조례」 제정으로 외국인 노동자들이 이 땅에서 안전하게 일하면서 우리 사회의 일원으로 자리잡길 기대해 본다.

# 3. 한번 한 약속은 반드시 지킨다

## 절벽 같은 언덕 위의 아파트

"의원님, 우리 아파트 외부에 엘리베이터 하나만 있으면 노인들이 정말 살기 편해질 것 같아요."

어느 날, 알고 지내던 퇴직 교장 선생님 한 분이 나를 찾아와 조심스럽게 말을 꺼냈다. 아파트 단지 외부에 엘리베이터를 설치해 줄 수 없겠느냐는 민원이었다. 순천 시내 고지대에 자리한 이 아파트 단지는 외부 지형이 만만치 않은 곳이었다. 아파트 입구에서 각 동까지 이어지는 진입로는 길이만 100m가 넘는 가파른 언덕이었고, 경사도 상당했다. 평소에도 숨이 찰 만큼 힘든 길이었지만, 비나 눈이 오는 날이면 노인과 장애인에게는 단순히 불편한 길이 아니라, 한 번 넘어지면 큰 부상으로 이어질 수 있는 위험 구간이 되었다.

처음 이야기를 들었을 때, 흔한 민원은 아니라고 느꼈다. 언덕 아래와 상부를 연결하는 실외 엘리베이터 설치 요청이었기 때문이다. 지상으로 치면 7~8층, 실제로는 10층 높이를 한 번에 오르는 구조였고, 계단과 데크, 연결 통로까지 포함한 입체적인 설계가 필요한 사업이었다. 전국적으로도 사례를 찾기 쉽지 않은 방식이라, 자칫하면 막연한 구상에 그치기 쉬운 제안이었다.

"비용은 얼마나 들까요?"

"엘리베이터 기계 값만 따지면 한 1억 원 정도면 가능하다고 합니다."

관련 예산 확보를 염두에 두고 물어본 질문에 그렇게 답이 돌아왔다. 당시 도의원으로서 판단했을 때, 1억 원이면 충분히 도전해 볼 만한 규모라고 생각했다. 무엇보다 이 사업은 단순한 편의 시설이 아니라, 노인과 장애인의 이동권을 실제로 보장하는 문제였다. "그럼 한번 알아보겠습니다." 나는 그 자리에서 긍정적인 답을 건넸고, 이후 시의원들과 함께 이 민원을 어떻게 현실로 만들지 논의를 시작했다.

## 예산은 불어나고, 갈등은 깊어졌다

문제는 그다음부터였다. 막상 사업을 구체화해 보니, 1억 원으로 끝날 일이 아니라는 사실이 곧 드러났다. 엘리베이터 기계비만 있다고 해서 설치가 되는 것이 아니었다. 기초 터 파기와 옹벽 보강, 상부 승강장과 데크 설치, 안전 펜스와 조명, 배수 시설까지 포함하니 예산은 2억, 3억으로 빠르게 불어났다. 최종적으로는 약 3억~4억 원 규모의 사업이 필요하다는 결론에 이르렀다.

더 큰 난관은 아파트 내부의 의사 결정 구조였다. 이 단지는 평소에도 동대표 간 갈등이 잦고, 작은 사안에도 쉽게 의견 대립이 생기는 곳이었다. 애초에 "입주민 자부담 없이 추진한다"는 전제로 출발한 사업이었기에, 예산이 늘어날수록 갈등은 더 심해졌다.

"이 정도면 아파트에서도 일부 부담해야 하는 것 아니야"

"처음부터 자부담 없다고 해놓고 왜 이제 와서 말이 달라져"

반발이 정면으로 부딪혔다. 여기에 엘리베이터를 주로 이용하게 될 동과 상대적으로 덜 이용하는 동 사이에서는 전기료와 유지비 분담을 두고도 논쟁이 이어졌다. 준공식이 미뤄지고, 주민 총회와 주민 투표가 반복될 만큼 우여곡절이 많았다는 이야기가 지역 방송을 통해 전해질 정도였다. 솔직히 말해, 중간에 손을 털고 나올 명분은 차

더불어민주당 전라남도 예산정책협의회 중 발언하는 모습.

고 넘쳤다.

"주민들 의견도 안 맞고, 예산도 이렇게 늘어나니 여기까지 하자."

"이미 1억은 지원했으니, 나머지는 아파트에서 알아서 하라고 하자."

이렇게 정리했더라도 겉으로 큰 비난을 받지는 않았을 것이다. 그러나 그렇게 할 수는 없었다. 처음 나를 찾아와 조심스레 부탁하던 그 어르신의 얼굴이 떠올랐고, 입주자대표회의에서 "끝까지 책임지겠다"고 했던 내 말이 머릿속을 떠나지 않았다. 무엇보다 이 일은 나 혼자만의 일이 아니라, 지역구 시의원들과 함께 "고지대 아파트 주민들의 20년 숙원"을 풀어 보자고 마음을 모은 사안이기도 했다. 한번 하겠다고 한 약속은 끝까지 지켜야 한다는 생각이 더 컸다.

## 길고도 험한 예산 확보

이 사업은 한 번에 예산을 확보해 단번에 밀어붙인 일이 아니었다. 처음에는 "엘리베이터 기계값 정도"를 목표로 1억 원 안팎의 예산을 도비로 확보하고, 나머지는 시비와 관련 보조금을 통해 채우는 구조를 구상했다. 공사가 구체화될수록 추가 공정과 안전 시설이 필요하다는 판단이 나와, 부족분이 생길 때마다 다시 예산을 붙여야 했다.

도·시비 매칭 비율을 조정하고, 관련 예산 항목을 새로 설계하는 과정을 거치며, 나는 도의원으로서 도비를, 시의원들은 시비를 챙기는 방식으로 역할을 나눴다. 처음에 1억 원, 이후 1억 원을 한 번 더, 그리고 8천만 원, 또 8천만 원… 이렇게 여러 차례 나눠 예산을 확보하는 과정이 이어졌다. 준비부터 완공까지 걸린 시간만 4년 안팎, 실외 엘리베이터 하나를 설치하는 데 이렇게 긴 시간이 필요할 줄은 나 역시 예상하지 못했다.

아파트 외부에 옥외 승강기가 설치되던 날, 주민들은 "20년 넘게 위험을 감수하며 오르내리던 언덕에서 해방됐다"며 기뻐했다. 특히 노인과 장애인들은 "이제야 안전한 아파트가 됐다"고 말하며 기쁨을 나눴다.

## 한번 한 약속은 끝까지 지킨다

결국 이 사업은 입주민 자부담 없이, 대부분을 도비와 시비, 관련 보조금으로 충당해 마무리되었다. 한 아파트 단지에 실외 승강기를 설치해 고지대 언덕 전체 동선을 바꿔 놓은 사례는 전국적으로도 흔치 않은 편이다. 전라남도 차원에서도 고령자·장애인 이동권 개선을 위해 주거 단지 내 경사형 승강기나 경사로 설치 사업을 점차 확대해 가고 있는데, 이런 사례들은 '생활 속 교통 약자 편의 개선'의 대표 모델로 자주 소개되고 있다.

정치는 공약보다, 민원에서 한 약속을 지키는 데서 신뢰가 생긴다고 믿는다. 이 실외 엘리베이터는 그런 의미에서 단순한 시설 하나가 아니다. 누군가에게는 매일 오르내리던 고통의 언덕을 없애 준 통로였고, 나에게는 "한번 하겠다고 한 일은 끝까지 간다"는 원칙을, 그리고 혼자가 아니라 함께 힘을 모을 때 비로소 가능한 일이 있다는 사실을 다시 확인해 준 경험이었다.

# 4. 폐교 직전에서 줄 서서 들어가는 학교로

## 순천만 초입, '문 닫을 뻔한' 작은 학교

"학교만은 제발 없애지 말아 주세요."

"우리 학교를 살릴 수 있도록 도와주십시오."

어느 날, 도의회 사무실로 도민 몇 분이 찾아오셨다. 이야기를 들어보니 순천만 인근에 있는 인안초등학교 동창회장과 지역 관계자들이었다. 학생 수 감소로 학교가 폐교 위기에 놓였는데, 그것만은 막아 달라는 간절한 부탁이었다.

당시 인안초등학교는 전교생이 10명 남짓에 불과했다. 학생 수가 적다보니 두 개 학년을 한 반으로 묶는 복식 학급으로 운영되고 있었고, 급식조차 자체적으로 해결하지 못해 인근 학교에서 음식을 받

인안초등학교를 방문한 필자.

아와야 할 정도였다. 교육청과 학교운영위원회 내부에서는 더 이상 유지가 어렵다는 판단이 내려졌고, 폐교 절차가 빠르게 진행되고 있었다.

폐교를 전제로 한 순천교육지원청의 심의는 이미 끝난 상태였고, 도교육청에는 통폐합안이 올라간 상태였다. 행정적으로는 사실상 '문 닫는 학교'로 정리된 상황이었고, 마지막으로 남은 절차는 도의회에서 관련 조례와 통폐합 계획을 의결하는 일이었다.

자신들의 어린 시절 추억이 담긴 학교가 사라지게 되는 모습을 보는 졸업생들의 마음을 충분히 이해할 수 있었다. 또 학생이 10명 밖에 안 다니는 작은 학교지만 동네에서 학교가 사라지는 것을 지켜봐야 하는 주민들의 마음도 쓰리기는 마찬가지였다.

학교는 단순한 교육 시설이 아니라 마을의 숨통과도 같은 존재다. 마을 모임과 문화 활동, 주민의 생활이 모이는 중심 공간이기도 하다. 학교가 사라지면 마을의 숨통도 함께 막힌다. '돌아오는 농촌'을 말하면서 정작 학교 하나 지켜내지 못한다면, 그 말의 진정성은 흔들릴 수밖에 없다고 느꼈다. 나는 이 학교가 문을 닫는 것을 가만히 앉아서 지켜볼 수는 없었다.

## 폐교를 멈추다, '무지개학교'라는 선택

주민들이 돌아간 뒤, 나는 그 학교를 다시 들여다봤다. 인안초등학교는 순천만과 맞닿은 초입에 자리잡고 있었고, 생태 교육 자원이 집약된 곳이었다. 귀농·귀촌과 농촌 공동체 회복이라는 흐름 속에서 보면 오히려 새로운 가능성이 있는 학교라는 생각이 들었다.

하지만 이미 도교육청까지 올라간 통폐합안을 되돌리는 일은 결코 쉬운 일이 아니었다. 행정 논리로만 보면 학생 10명을 위해 교사와 시설을 유지하는 것은 엄청나게 비효율적이며 예산 낭비라는 지적을 받을 수도 있는 상황이었다. 그러나 나는 분명히 다른 관점을 제시했다.

이 학교는 순천만 초입이라는 입지 자체가 자원이다. 최소 3~4년만 행·재정적 노력을 집중해 보면, 충분히 살아날 수 있다.

나는 학교 관계자, 동창회장과 함께 교육감을 직접 찾아갔다. 여러 학교가 통폐합 대상에 올라 있었지만, 이 학교만큼은 제외해야 한다고 요청했다. 순천만 초입에 위치한 이 학교를 '작은 학교 살리기'와 '생태 교육'의 거점으로 키워 보자는 제안이었다. 동시에 도의회에 상정된 통폐합 관련 조례와 계획에서 이 학교를 제외하도록 조정 작업에 착수했다. 말하자면, 의회가 먼저 폐교 결정을 멈춰 세우는 장치를 만든 셈이다.

당시 통폐합이 확정되면 상당한 규모의 지원금이 지급되는 구조였다. 전남 전체로 보면 적지 않은 예산이었다. 하지만 지원금 몇십억 원을 받기 위해 학교 하나를 없애는 건 장기적으로 마을과 도시 모두에게 손해라고 생각했다. 그 판단 끝에 예산과 계획 조정이라는 부담을 감수하면서도, 이 학교의 폐교를 보류시키는 결정을 이끌어냈다.

이후부터는 교육청과 학교가 바통을 이어받았다. 학교는 공립형 대안 학교, 이른바 '무지개 학교' 지정을 추진했고, 교육청은 체육관 신축과 교사동 리모델링, 교육 과정 특성화에 나섰다. 공모제를 통해 새로운 비전을 가진 교장을 영입하고, 생태·예술·체험 중심의 교육 과정을 강화했다.

## 전교생 10명에서, 줄 서는 학교로

폐교 직전까지 몰렸던 이 작은 학교는 무지개 학교로 지정되면서 완전히 다른 길을 걷기 시작했다. 대안 교육과 생태 교육에 관심이 높은 교사들이 지원해 오기 시작했고, 순천만을 교실 삼는 생태 수업, 소규모·맞춤형 수업, 프로젝트형 수업이 학교의 색깔로 자리잡았다. "학생이 없어서 문을 닫는다"가 아니라, "작기 때문에 가능한 교육을 한다"로 프레임이 바뀐 것이다.

무엇보다 변화는 학생 수에서 확연히 드러났다. 10명 남짓이던 전교생이 3~4년 사이에 순천 시내 학부모들이 보내고 싶은 학교로 인식할 만큼 교육의 질을 인정받기 시작했다. 학생 수가 크게 늘어났고, 학급 수와 교원 수도 함께 증가했다. 이제는 신입생 모집 때 지원자가 정원을 넘어서 추첨으로 선발할 정도로, 말 그대로 '들어가고 싶은 학교'가 됐다.

순천 시내에서 이 학교까지는 차량으로 10~15분 정도면 닿는다. 통학 버스를 이용하면 시내 학생들도 무리 없이 다닐 수 있다. 멀리 이사를 오지 않더라도 교육 과정이 좋고, 학급당 학생 수가 적고, 순천만과 연계한 생태 교육을 받을 수 있다는 이유로 학부모들이 자발적으로 선택하는 학교가 됐다. 학교가 살아나니 마을도 다시 숨을 쉬기 시작했다. 학교 운동장에 아이들 소리가 돌아오고, '마을이 끝났다'는 체념 대신 '마을이 이어진다'는 감각이 생겼다.

작은 학교 살리기는 마을 공동체를 지키고 인구 소멸에 대응하는 핵심 전략이라는 것을 직접 목격한 귀한 경험이었다. 그래서 이후에도 도와 도교육청이 협업해 작은 학교 살리기, 폐교 활용, 교육 지구 사업 같은 정책을 함께 설계하고 예산을 연계해 가야 한다고 꾸준히 강조해 왔다. 한 번 살린 학교가 '단발성 성공 사례'로 끝나지 않으려면, 제도와 재원이 뒷받침되는 구조가 필요하기 때문이다.

지금 이 학교는 더 이상 폐교 직전 학교가 아니라 순천만의 자연을 교실로 삼고, 소규모·맞춤형 교육을 실천하는 공립형 대안·혁신 학교로 자리잡았다. 이 학교를 이렇게 변화시킨 교육청과 학교, 그리고 선생님들에게 너무나 고마운 마음이다. 문닫을 뻔한 학교를 살릴 수 있도록 의회 차원에서 노력을 했지만 그 결과가 좋지 않았다면 더 큰 부담이 될 수도 있었기 때문이다.

남도일보 '기고문'
2023년 2월 1일

# 지방 소멸의 시대, 어디에서 답을 찾을 것인가

전남도의 지방 소멸 상황에 경고등이 켜졌다. 지난해 산업연구원이 발표한 'K-지방소멸지수 개발과 정책 과제' 보고서에 따르면 지방 소멸 위험도가 높은 소멸 위기 지역 총 59곳 중 무려 13곳이 전남 지역인 것으로 조사됐다. 전국 17개 시·도 중 가장 많다.

특히, 지방 소멸 위험 지수 0.5 미만인 신안과 구례의 경우 인구 유입 등 극적인 전환의 계기가 없다 면 약 30년 내 사라질 가능성도 있다고 한다.

충격적인 사실은 이뿐만이 아니다. 전남 지역 초등학교 471곳 중 49곳에는 올해 신입생이 한 명도 없었다. 이 중 2년 연속 신입생이 0명인 학교는 16곳에 달한다. 국토 면적의 12%에 불과한 수도권이 대한민국 인구의 절반과 경제력의 절반을 독점하는 상황, 수요에 따른 냉혹한 시장 논리가 전남도 곳곳에 적용되며 지방 소멸의 위기감이 더욱 고조되고 있다. 일부 군 단위 소멸과 함께 도 자체 기능에 변화가 일어날지도 모른다는 우려의 목소리까지 나오고 있다. 특단의 대책이 필요한 시점이다.

'일하는 의회', '공부하는 의회'를 표방하는 제12대 전남도의회는 지난해 결성된 의원 연구 단체인 '지방 소멸 위기 대응 정책 연구회'를 주축으로 인구 절벽 극복을 위한 복안 마련에 고심하고 있다. 간담회와 토론회 등 의견 나눔의 장을 활발히 마련하는 한편, 실효성 높은 정책 발굴에 전력하며 궁극적 해법 모색에 나서고 있다.

나름의 성과도 있다. 최근 지방 소멸 위기 대응 정책 연구회는 '전라남도 농산어촌 유학 활성화를 통한 인구 유입 정책 연구'의 최종 보고회를 가졌다. 농산어촌 유학 실태와 유학제도 개선사항을 세밀하게 파악하고 그 내용을 기반으로 더 효과적인 전남 인구 유입 방안을 도출하고 있다.

전남 농산어촌 유학 사업은 전남의 혁신 교육과 친환경 여건을 결합해 침체된 농촌 사회를 지속 가능하게 부흥시키고자 추진되고 있다. 6개월 이상 전남으로 전학을 와 생활하는 학생들에게 개인별 맞춤형 교육과 온마을 돌봄을 연계한 생태 환경 교육을 제공하는 것을 기본으로 한다. 현장의 반응은 뜨겁다. 2022년 2기 전남 농산어촌 유학생을 모집한 결과 서울을 비롯해 경기·광주·인천·부산 등 전국에서 200가구, 총 304명의 학생이 참여한 것으로 나타났다. 이는 사업을 시작했던 2021년 1기 82명에 비해 1년 만에 4배 가까이 늘어난 수치로 주거와 교육을 지원하는 농산어촌 유학이 전남 인구 유입의 상생 전략으로 유효하게 발휘되고 있음을 확인할 수 있다.

이번 '전라남도 농산어촌 유학 활성화를 통한 인구 유입 정책 연구'에는 장성군 고흥군 등 지역별 릴레이 토론회를 통해 청취한 현장의 목소리와 설문 조사, 심층 인터뷰를 통해 얻은 고견이 가감 없이 담겨있다.

특히, 지방 소멸 위기 대응 정책 연구회는 연구 용역 결과를 기반으로 전라남도와 전라남도 교육청의 협업 체계 구축, 지방 소멸 대응 기금을 활용한 농어촌 지원 정책 패키지 사업 추진, 서울에서 전남으로 유학 올 경우 2회째부터는 전라남도에 서 100% 지원하는 방안 등 적극적 정책 제언에 나서고 있다. 인구 문제의 다양한 방향성 정립에 기여하고 결과적으로 더 실효성 높은 정책을 발현코자 부단한 노력을 이어가고 있다.

물론 농산어촌 유학만이 인구 증대의 완벽한 해답이라 할 수 없다. 근본적 차원에서 해결해야 할 과제가 많다. 반도체, 우주 항공, 2차전지 등

첨단 전략 사업에 대한 투자·유치로 일자리 창출을 지속적으로 도모해 나가야 한다. 더불어 귀농·귀촌인을 위한 맞춤형 지원, 정착지 특성을 반영한 지역별 자율 프로그램 지원 등 유입 인구가 지역 사회에 안정적으로 정착할 수 있는 기반 확립에도 충실해야 한다. 12대 도의회는 추진 사업에 대해 집행부와 적극 협력하는 한편 추진 사항을 면밀히 검토하며 안정적 정주 여건 확립에 더욱 힘쓰겠다.

반복된 도전과 시도, 그 촘촘한 노력이 모여 결국 진일보한 정책이 완성된다. 수도권 일극 체제를 깨트릴 변화의 시작점을 만드는 우리의 노력이 하나의 씨앗이 되어, 새로운 역사를 여는 변곡점으로 발아하기를 기대한다.

## 5. 우리 사회의 가장 어두운 곳을 밝히다

### 저소득 주민 자녀의 교육을 지원하다

도의원으로 의정 활동을 하며 가장 많은 관심을 기울여 온 분야 가운데 하나는 사회적 약자의 복지 증진과 삶의 질 향상이었다. 그중에서도 특히 마음에 걸렸던 문제는 소득 격차가 교육 격차로 이어지고, 그 교육 격차가 다시 경제적 불평등으로 되물림되는 구조였다. 이른바 '수저론'이 현실이 되어 가는 시대에, 실력과 재능이 있음에도 가정 형편 때문에 기회를 잃는 아이들이 계속 생겨난다면 사회는 더 이상 건강하게 유지될 수 없다고 생각했다.

이 문제의식에서 출발해 대표 발의한 조례가 '전라남도 저소득 주민 자녀 교육 지원 조례'다. 이 조례는 도내 저소득 주민 자녀들의 학력 증진과 재능 개발을 체계적으로 지원함으로써 교육 격차를 해소하고, 모든 아이에게 동등한 교육 기회를 보장하기 위한 제도적 기반을 마련하는 데 목적이 있다.

조례에서는 지원 대상을 '국민기초생활 보장법'에 따른 수급자와 차상위계층, 한부모 가족의 자녀 가운데 전라남도에 주소를 두고 있거나 도내 학교에 재학 중인 학생으로 규정했다. 단순한 선언에 그치지 않도록, 학력 증진과 교육 격차 해소를 위한 학습 지원 사업, 재능 있는 학생을 발굴·육성하기 위한 진로·특기 개발 프로그램, 방과 후 학습과 체험 학습·진로 체험 등 교육 여건 개선 사업, 필요할 경우 교육 경비 지원까지 가능하도록 했다.

특히 실제로 도움이 필요한 학생들에게 혜택이 돌아가도록 하기 위해, 지원 대상자의 소득 수준과 재산 상황에 대한 실태 조사를 도지사가 실시하도록 규정하고 사후 관리 체계도 함께 담았다. 중복 지원이 발생할 경우 감액하거나 제외할 수 있도록 해 제도의 공정성과 지속 가능성도 함께 고려했다.

이 조례를 준비하면서 늘 염두에 두었던 바람은 단 하나였다. "이 조례가 아이들에게 계층 이동의 사다리가 되었으면 좋겠다"는 것이었다. 교육은 가장 강력한 공공 투자이자, 사회가 다음 세대에게 건네는 최소한의 책임이라고 믿었기 때문이다.

조례 제정 이후 언론과 평가 기관은 "실력과 재능은 있지만 가정 형편이 어려운 전남 저소득 주민 자녀들이 차별 없이 교육을 받을 수 있는 제도적 기반이 마련됐다"고 평가했다. 이 조례를 통해 나는 2017년 지방의원 매니페스토 약속 대상 '좋은 조례' 부문을 수상했으며, 이후 전라남도의 저소득층 교육 복지 정책 사례로 중앙 연구 기관에서도 언급되었다.

상의 유무보다 더 의미 있었던 것은, 이 조례가 이후 전남도의 교육 복지 정책 논의에서 하나의 기준점이 되었다는 사실이다. 아이들의 밥상과 교실, 그리고 미래를 지키는 일은 언제나 정치가 가장 먼저 책임져야 할 영역이다. 이 조례는 그 책임을 제도라는 형태로 분명히 남기고자 했던 작은 실천이었다.

## 청년 창농타운, '공간'에서 '성장 플랫폼'으로 바꾸다

전남 농업기술원 안에 조성된 '청년 창농타운'은 청년 농업인과 농산업 창업을 준비하는 이들을 위해 만들어진 전국 최초의 농산업 창업 특화 공간이다. 그러나 실제 현장을 들여다보면, 이 공간이 과연 청년 창농의 '성장 플랫폼'으로 제대로 기능하고 있는지에 대해서는 의문이 남았다. 시설은 있었지만, 창업의 가장 큰 문턱인 비용과 리스

크를 넘을 제도적 장치는 충분하지 않았다. 공간을 쓰는 데도 부담이 있었고, 아이디어를 실제 사업으로 연결하기 위한 재정 지원의 근거도 부족했다. 말 그대로 '준비 단계'에 머무는 구조였다.

이 문제의식에서 출발해, 2021년 7월 '전라남도 청년 창농타운 관리 및 운영 조례 일부 개정 조례안'을 대표 발의했다. 청년 창농타운을 단순한 시설 관리 조례에서, 농산업 창업 기업을 키워 내는 성장 지원 조례로 바꾸는 것이었다.

창농타운 회원이 창농 목적으로 시설을 이용할 경우 사용료를 면제하도록 명확히 했다. 농산업 창업은 시간도 오래 걸리고, 초기 비용 부담도 크다. 그런 상황에서 시설 이용료까지 부담하게 하는 것은 창업의 문턱을 불필요하게 높이는 일이라고 판단했다. 실제로 창업을 준비하고 실행하는 청년에게는 비용 부담을 최소화해야 한다는 원칙을 조례에 분명히 담고자 했다.

보다 중요한 변화는 재정 지원 근거를 조례에 신설한 것이다. 시제품 개발, 마케팅과 판로 개척, 창업 관련 교육과 컨설팅 등 농산업 창업이 '아이디어'에서 '사업'으로 넘어가는 과정에는 필연적으로 비용이 든다. 하지만 기존 조례에는 이 과정을 직접적으로 뒷받침할 수 있는 근거가 부족했다. 개정 조례를 통해 도지사가 예산 범위에서 예비 창농자와 창농자에게 보조금을 지원할 수 있도록 명시하면서, 청년 창농타운의 성격은 한 단계 달라졌다.

행사장에서 주민 의견 경청.

농산업 분야의 창업은 시간과 비용이 많이 들고, 높은 리스크를 감수해야 한다. 창의적인 아이디어가 실제 사업으로 이어지려면 공간과 교육만으로는 부족하다. 제도와 재정이 함께 뒷받침돼야 한다.

청년 창농타운은 '교육과 공간 제공'에 머물던 단계에서, 농산업 창업 기업이 우수 기업으로 성장하도록 지원하는 플랫폼으로 방향을 분명히 하게 됐다. 단순히 청년을 모아두는 공간이 아니라, 실패를 감수하며 도전할 수 있도록 제도가 뒤에서 밀어주는 구조를 만든 것이다. 이 조례 개정은 전라남도 청년 정책 전체에서도 중요한 의미를 갖는다. 청년 농업·농촌 일자리 창출 정책과 연계될 수 있었으며 시설부터 사업화, 재정 지원까지 하나의 흐름으로 이어지게 되었다.

## 안전 취약 계층을 위한 '대피 길'을 내다

재난은 모두에게 동일하게 닥치지 않는다. 같은 경보가 울려도, 같은 건물에 있어도, 누군가는 바로 움직일 수 있고 누군가는 그 자리에서 망설일 수밖에 없다. 특히 시각 장애인과 청각 장애인, 고령자, 거동이 불편한 이들에게 재난은 단순한 위험을 넘어 '길이 보이지 않는 공포'로 다가온다. 재난 대응 제도는 과연 가장 위험한 사람을 기준으로 설계되어 있을까.

이미 '전라남도 안전 취약 계층에 대한 안전 환경 지원 조례'가 있지만 조례에는 안전취약계층을 보호해야 한다는 원칙만 담겨 있을 뿐 실제 재난 상황에서 이들이 어떻게 대피할 수 있는지에 대한 구체적인 해법이 부족했다. 선언은 있었지만, 구체적인 길은 보이지 않았다. 특히 시각장애인의 경우, 비상 시 제공되는 대부분의 피난 안내도가 '눈으로 보는 평면도'에 머물러 있어 실제 대피에는 거의 도움이 되지 않는 현실이었다.

이 문제에 대해서 12대 전라남도의회 51명 의원의 공동 발의로 '전라남도 안전 취약 계층에 대한 안전 환경 지원 조례 일부 개정 조례안'을 대표 발의했다. 조례는 재난 시 안전 취약 계층이 실제로 움직일 수 있도록, '대피권'을 제도로 보장하는 내용을 담고 있다.

이를 위해 '점자·음성 피난 안내도' 설치 근거를 조례에 명문화했으며 전라남도와 시·군이 공공 건축물과 다중 이용 시설 등에 점자 표기와 음성 안내 기능을 갖춘 피난 안내도를 설치·지원할 수 있도록 했다. 이는 단순한 시설 보완이 아니라, 재난 정보 접근 방식 자체를 바꾸는 시도였다. 시각 장애인이 평소 손으로 만져 보고, 음성으로 안내를 들으며 대피 경로를 익힐 수 있고, 실제 재난 상황에서도 그 안내를 따라 이동할 수 있도록 한 것이다.

안전 취약 계층 대피 지원에 대한 지방 정부의 책무도 분명히 했다. 도지사와 시장·군수가 시각 장애인, 청각 장애인, 고령자, 거동이 불편한 사람 등 안전 취약 계층의 특성을 고려한 대피 계획을 수립하고, 이들을 포함한 대피 훈련과 교육을 실시하며, 대피 시설의 접근성을 개선하도록 의무를 강화한 것이다.

재난 대응에서 안전 취약 계층을 '배려 대상'이 아니라, 정책 설계의 기준점으로 삼겠다는 의미였다. 재난 시 가장 먼저 위험에 노출되지만, 가장 나중에 구조되는 사람들이 바로 안전 취약 계층이다. 정치가 가장 먼저 보살펴야 할 대상도 바로, 우리 사회의 가장 낮은 곳, 어두운 곳에 있는 사람들이 아닐까하는 생각이다.

# Chapter IV

# 20년 만에 탄생한 순천 출신 도의장

# 1. 권한 내려놓고, 하나된 의회 만들다

## 새롭게 느끼는 책임의 무게

2022년 7월 6일, 제12대 전라남도의회 전반기 의장으로 선출되며 의장 임기를 시작했다. 제9대부터 12대까지 네 번의 도의원 임기 동안 운영위원장, 기획행정위원장, 원내대표 등 의회 핵심 보직을 두루 맡아 왔지만, 도의장이라는 자리가 주는 책임의 무게는 이전과는 분명히 달랐다.

전라남도의회에서 순천 출신 의장이 다시 나온 것은 거의 20년 만의 일이었다. 2000년대 초반 도의회를 이끌었던 김철신 의장 이후 순천 출신 의장은 한동안 나오지 못했고, 그 공백은 동부권·순천의 위상을 상징하는 하나의 그림자처럼 남아 있었다. 그런 상황에서 내가 다시 순천 출신 도의장으로 선출됐다는 사실은, 개인의 경력을 넘어 동부권과 순천의 위상을 함께 짊어지는 의미로 다가왔다.

의장 취임 직후 인터뷰에서 나는 "도민과의 소통을 최우선 가치로 삼고, 도민이 체감할 수 있는 의정을 통해 전라남도의회가 진정한 도민 대표 기관이 되도록 하겠다"고 말했다. 한 지역구 도의원을 넘어 전라남도 전체를 조망하고, 의회의 방향과 문화를 책임지는 정치로 보답하겠다는 약속이었다. 의장을 위한 의회가 아니라, 의회를 위한 의장을 보여 주어야 한다는 책임감, 그리고 전라남도의회가 권한을 나누고 공부하고 토론하는 문화를 가진 의회로 바뀌어야 한다는 절실함이 더 크게 다가왔다.

## 권한을 나누는 의장

의장 취임 이후 내가 가장 먼저 손댄 것도 '권한을 쥐는 방식'이었다. 오래전부터 전남도의회 운영 구조를 지켜보며, 의장에게 각종 추천·배정 권한이 과도하게 집중돼 있다는 문제의식을 갖고 있었다. 의정 대상 추천, 해외 연수 및 국제 교류 방문단 구성, 각종 위원회 위원 추천까지 많은 결정이 관행적으로 의장 손에 쥐어져 있었고, 이 때문에

전남도의회에서 주최한 의대유치 토론회.

일부 의원들은 "의장이 정하는 일에는 끼어들기 어렵다"는 소외감을 호소하기도 했다.

그동안 의원들이 많이 소외감을 느꼈던 부분이, 의정 대상 추천 권한도 의장에게 다 있고, 국제 교류 같은 경우에도 의장이 전권을 쥐고 명단을 짜는 구조였다. 이런 집중된 권한을 의원들에게 나누어 하나된 의회를 만들고 싶었다.

그런 차원에서 의장의 권한을 많이 내려놓고 나누겠다고 공개적으로 선언했다. 먼저 의정 대상 추천 구조를 바꿨다. 이전에는 사실상 의장이 최종 결정하던 관행에서 벗어나, 부의장 2명과 상임위원장 7명이 함께 추천하도록 바꾸었다. 각 상임위가 직접 후보를 논의하도록 함으로써, 의정 활동에 대한 평가는 한 사람의 주관이 아니라 집단의 숙의 과정이 되도록 한 것이다.

해외 연수·국제 교류도 마찬가지였다. 기존에는 의장이 국가와 인원을 정하고 의원 명단을 짜는 방식이 일반적이었지만, 나는 한-베트남 의원 친선 협의회, 몽골 돈드고비주의회와의 의원 친선 협의회 등 국가별 의원 친선 협의회를 구성해 관심 있는 의원들이 스스로 참여하고, 실무팀과 친선 협의회가 함께 교류 계획을 짜는 구조로 전환했다. 의장이 끌고 가는 외유성 연수가 아니라, 의원들이 스스로 준비하고 책임지는 상호 교류의 틀을 만든 것이다.

이런 노력들은 '의장을 위한 의회가 아니라, 의회를 위한 의장'이라는 방향을 제도와 구조로 증명해 보이려는 시도였다. 의장의 권한을 줄이고, 그만큼 의원 전체의 참여와 책임을 키우는 방식으로, 전라남도의회가 어떤 조직이어야 하는지에 대한 새로운 기준을 세우고 싶었다.

## 전남에서 시작하는 지방 의회 표준

의장 재임 기간 동안 전남권 의대 유치, 여순 사건 특별법 개정 촉구, 동부청사 시대 개막, 외국인 노동 환경 개선, 차별 없는 복지와 교육

환경 조성 등 굵직한 현안에서 '현장 중심, 일하는 의회'를 내세웠다. 이런 활동을 평가해 전라남도의회는 대한민국 시도의회의장협의회 '우수의정단체'와 각종 의정 정책 대상 등을 연이어 수상했고, '소통 중심, 일하는 의회'라는 평가를 받았다.

국토 면적의 12%에 불과한 수도권이 대한민국 인구의 절반과 경제력의 절반을 쥐고 있는 현실 속에서, 전라남도는 오랫동안 '불모의 땅', '소외와 낙후의 지역'으로 불려 왔다. 그러나 에너지, 해양·바이오, 농수산·식품, 재생 에너지, 관광 자원 등 전남이 가진 잠재력을 생각하면, 더 이상 변방에 머물러 있을 이유는 없다.

전라남도 발전을 위한 기반을 다지고, 전라남도의회가 대한민국 지방 의회를 선도한다는 각오로 의정 활동을 해 왔다. 전남도의회가 만들어 가는 의회 운영 방식과 권한 분산, 현장 중심 의정 모델이 대한민국 지방 의회의 표준이 되고, 모델이 되고, 기준이 될 수 있도록 더 치열하게 고민하고 부딪쳐야 한다고 생각했다.

의장의 자리는 결국 '더 많이 가지는 자리'가 아니라 '더 먼저 내려놓는 자리'여야 한다. 그 믿음으로 권한을 나누고, 소통을 앞세우며, 하나된 의회를 만드는 데 힘을 쏟았던 시간이 바로 내게 주어진 도의장 임기였다.

2022년 7월 6일(수) 14:30
도의회 본회의장

# 제12대 전반기 전라남도의회 개원사

존경하고 사랑하는 도민 여러분! 그리고 의원님 여러분!

김영록 도지사님과 김대중 교육감님을 비롯한 집행부 공무원 여러분!

국정에 바쁘신 중에도 참석해 주신 윤재갑 국회의원님과 이완식 전라남도 의정회장님, 김종철 박인환. 이호균·이용재 전 의장님과 황정호 광남일보 사장님, 김범환 YTN본부장님, 그리고 유관기관 사회단체장 님을 비롯한 내빈 여러분!

바쁘신 일정과 무더운 날씨에도 제12대 전라남도의회 개원식에 참석해 주셔서 대단히 감사합니다. 저는 제12대 전반기 의장으로 선출된 순천 출신 서동욱입니다. 먼저, 저를 의장으로 선출해 주신 의원님들께 다시 한 번 진심으로 감사드립니다.

앞으로 저는 도의회 의장으로서 의원님들의 다양한 목소리를 겸허히 수용하고, 이를 전남 발전의 원동력으로 삼기 위해 최선을 다하겠습니다. 오늘은 '소통하는 의정, 미래를 여는 전라남도의회'를 만들기 위해 제12대 전라남도의회가 개원하는 뜻깊은 날입니다.

앞서 우리 예순한(61)분 의원님 모두가 했던 선서는 200만 도민 여러분께 엄숙한 마음으로 드리는 첫 약속이자, 충실한 의정 활동을 하겠다는 굳은 다짐입니다. 앞으로 4년간 우리가 가진 모든 힘과 지혜를 다해 일하는 의회, 따뜻한 의회, 희망찬 의회로서 도민의 권익 신장과 복리 증진, 지역 사회의 발전을 위해 최선을 다하겠습니다.

존경하는 의원님 여러분!

1991년 부활한 지방 자치는 지방 의회와 지방 정부를 통해 자치 능력과 자립 역량을 꾸준히 성장시켜 왔습니다. 지난 2020년 지방자치법이 32년 만에 전부 개정됨에 따라 올해부터 지방의회 인사권이 독립되고 의원들의 의정 활동을 지원할 정책지원관이 임용되어 지방 의회의 독립성과 전문성을 한층 강화할 수 있게 되었습니다.

오랜 염원이었던 독립성과 전문성이 확대된 만큼 진정한 지방 자치 구현을 위한 기틀을 마련하기 위해 최선을 다해야겠습니다. 우리는 도민의 뜻을 올바르게 도정에 접목시켜 전남의 희망찬 미래를 설계해야 하는 시대적 부름으로 이 의사당에 서 있습니다. 의원님들께서는 선거 과정에서 도민들께 제시한 공약들을 지키기 위해 임기가 끝나는 날까지 초심을 잃지 않고 항상 최선을 다하는 모습을 보여 주시길 당부드립니다.

존경하는 도민 여러분!

우리 제12대 전라남도의회는 도민 여러분께서 보내 주신 지지와 성원에 보답할 수 있도록 도민 눈높이에 맞춘 의정 활동을 적극 펼쳐나가겠습니다. 늘 스스로를 낮추고 더욱 부지런히 연구하는 의회의 모습으로 내 삶과 내 이웃의 삶이 한 단계씩 더 나아지는 이상적인 지방자치 시대를 열겠습니다.

중앙 정부에 의지하는 의존적 자치의 틀에서 벗어나, 우리 전남만의 가치와 경쟁력을 전남 스스로 키워 갈 수 있는 성숙한 자치를 실현하겠습니다.

김영록 도지사님과 김대중 교육감님을 비롯한 집행부 공무원 여러분!

도민 여러분의 신뢰와 기대 속에 민선8기 전남 도정과 교육 행정의 최고 책임자로 당선되신 도지사님과 교육감님께 다시 한 번 진심으로 축하의 말씀을 드립니다.

앞으로 김영록 도지사님께서는 4년 동안 쌓아온 발전의 성과를 바탕으로 '세계로 웅비하는 대도약! 전남 행복 시대'를 활짝 열어 주시고, 김대중 교육감님께서도 '함께 여는 미래, 탄탄한 전남 교육 실현'을 위해 최선을 다해 주시기를 당부드립니다.

사랑하는 도민 여러분!

우리 도의회는 앞으로 본연의 역할인 견제와 감시 기능을 강화해 도민의 편에서 집행부를 견제하고 도정의 균형을 잡는 민의의 전당으로 거듭나겠습니다.

때로는 과감한 비판과 함께 창의적인 대안 제시로 민생 현장의 작은 목소리도 전남 도정과 교육 행정에 크게 반영될 수 있도록 노력하겠습니다.

또한, 앞서 의원 선서를 통해 밝힌 도민의 권익 신장, 복리 증진, 지역사회의 발전을 위한 일이라면 관심과 지원을 아끼지 않겠습니다. 개원식에 참석해 주신 내빈 여러분께 다시 한 번 깊이 감사드리며 우리 의회를 향한 도민 여러분의 변함없는 관심과 성원, 적극적인 참여와 협조를 부탁드립니다.

감사합니다.

# 2. 일하는 의회, 공부하는 의회

## 말이 아니라 숫자로 증명하다

도의회는 민의를 수렴해 도민들이 더 잘살고, 더 편하게 생활하기 위한 정책을 만드는 곳이다. 어깨에 힘주는 의회가 아닌, 도민의 삶 속에서 함께 생활하는 '생활 밀착형 의회'가 돼야 한다. 다양한 공론화의 장을 만들어 도민들의 입과 귀에 안테나를 세워야 한다. 도민의 세금이 아깝지 않도록 도의회가 열심히 뛰어야 한다.

의장으로서 가장 먼저 세운 기준은 '소통 중심, 일하는 의회'였다. 취임 직후부터 제12대 전라남도의회는 도민에게 신뢰받는 일하는 의회가 되어야 한다고 스스로에게, 그리고 동료 의원들에게 반복해서 말했다.

일하는 의회를 표방하면서, 12대 의회 출범 시 자체 역량 강화에 힘쓰겠다는 목표를 내세웠고 이와 관련해 의원 연구 단체를 활성화 화했다. 의원들의 역량 강화를 위해 소속 상임위뿐만 아니라 도정의 관심 있는 분야에서 자유롭게 연구·개발 활동을 추진하도록 의원 연구 단체를 지원했다.

이를 통해 '지방 소멸 위기 대응 정책 연구회', '자치 분권 정책 연구회', '기후 대응과 정의로운 탄소 중립 전환 연구회' 등 11개 연구 단체가 구성됐고, 의원들의 적극적인 동참 속에 운영됐다.

제12대 전남도의회 의원 연구 단체는 2023년 1년간 간담회, 토론회, 세미나, 강연회, 현지 활동, 용역 보고회 등을 총 54회 개최했는데 2021년 11대 의회에서 같은 기간 동안 관련 회의가 총 33회 열린 것과 비교하면 38.8% 증가한 수치다. 의원 연구 단체 활동을 통해 얻은 데이터들은 의정에 세밀하게 반영해 전남도 발전을 위한 대안 도출에 적극 활용했다.

일하는 의회의 기조는 숫자로도 확인된다. 전남도의회는 전체 조례안 가운데 의원 발의 조례안이 이전 회기에 비해 크게 늘어났다. 집행부가 가져온 안건을 통과시키는 수준을 넘어, 입법 중심의 대의기관 역할을 강화했다는 평가를 받았다. 같은 기간 상임위원회와 특별위원회가 주관한 주민 토론회·간담회·공청회는 120여 회에서 200회 가까이로 집계됐는데 전례 없이 많은 현장 간담회와 공개 토론이 이어졌다는 평가도 받았다.

조례 하나를 만들더라도 도민 간담회와 이해관계자 토론을 반드시 거치는 문화를 만들고 싶었다. 종이 위에서만 그럴듯한 조례가 아니라, 현장에서 실제로 작동하는 조례를 만들기 위해서는 의원들이 공부하고 토론하는 의회가 되어야 한다고 믿었기 때문이다. 그래서 지방 소멸 대응, 농어촌 기본 소득, 데이터 센터·우주 항공 산업, 기후 위기 대응, 교육 격차 해소 등 다양한 주제를 놓고 상임위·연구단체·특별위원회 차원의 연구 용역과 토론회를 연달아 열었다. '일하는 의회, 공부하는 의회'라는 말이 구호가 아니라 의회의 일상 풍경이 되기를 원했다.

## 의정 활동 전문성 강화 위한 정책 지원관 활용

지방 의회 의정 활동의 전문성 강화를 위한 전문 인력으로서 정책 전문관 제도를 도입한 것도 일하는 의회의 모습을 더욱 강화하기 위한 조치로 큰 기대를 모았다. 정책 지원관은 '지방자치법' 전부 개정으로 신설된 '의원 정책 지원 전문 인력'으로 임기제 6급 공무원(지방행정주사) 형태로 수시 채용·증원이 이뤄지고 있으며 조례 제·개정, 예산

결산 심의 등 의회의 의결 사항을 비롯해 행정 사무 감사 및 조사 등 의정 활동을 지원하는 역할을 하고 있다.

정책 지원관은 지방자치법상 의원 정수의 2분의 1 범위에서 둘 수 있도록 되어 있다. 전남도의회는 의원 61명이기 때문에 최대 30명까지 둘 수 있고, 2022년부터 단계적으로 확대해 왔다. 개인적으로는 앞으로 법 개정을 통해서 1인당 1명의 정책 지원관을 둘 수 있었으면 하는 바람을 갖고 있다. 복잡하고 다양해진 지역구 민원 해결과 전문화된 집행부의 정책 분석을 위해서는 지방 의회에서도 특정 영역에 대한 전문 인력의 역할이 절대적으로 필요하기 때문이다.

일각에서는 자칫 전문 인력이 의원의 개인 비서로 전락하는 것이 아니냐는 염려의 시선이 있었던 것도 알고 있지만 이것은 과도한 염려라고 생각된다. 정책 지원 전문 인력의 직무 범위는 지방자치법에 따라 지방의회 의원의 의정 자료 수집·조사 연구 등으로 한정되어 있기 때문이다. 법을 뛰어넘어 이 전문 인력들을 개인 비서로 쓴다는 것은 있을 수도 없고, 법적으로도 허용되지 않는 일이다. 의회 차원에서도 정치적 중립을 유지하면서 의정 활동을 원활히 지원하도록 수시 교육과 간담회 개최 등 정책 지원관의 역량을 강화해 나가는데 집중해 왔다.

실제로 정책 지원관 임용 이후 의원 발의 조례 비중이 크게 증가하는 등 입법 생산성이 눈에 띄게 늘었고, 생활 밀착형 조례가 증가했다는 평가가 나왔다.

## 의원 국제 교류 전면 재수정

'일하는 국회'라는 측면에서 그동안 전남도의회 차원에서 추진해 온 의원 국제 교류에 대해서도 궤도를 전면 수정하도록 했다. 그동안 국제 교류라고 하면 단발성, 외유성, 형식적인 교류가 많았던 것도 사실이다.

도의회 차원의 의원 국제 교류를 살펴보면 국제 교류 협정을 체결한 중국 산시성, 일본 사가현, 베트남 빈폭성 등 9개 국가 15개 도시를 대상으로 1년 또는 2년에 1회씩 의장단 위주의 방문단을 구성해 상호 방문하면서 우의를 다져 왔다. 하지만 형식에 치우쳤다는 일부 지적을 받아 왔다. 이런 오랜 관행에서 벗어나 국가별 의원간 지속적인 교류를 통해 연구하는 의회로 탈바꿈하고자 '전남도의회 의원 외교 활동 지원 조례안'을 대표 발의하고, 공부하고 연구하는 의회로 체질 개선하고자 했다.

새롭게 제정된 의원 외교 활동 지원 조례는 전면 개정된 지방자치법에 따라 지방 의회에서도 의원 외교 활동 및 교류가 가능하도록 규정하고 있다. 지방자치법 제193조에는 국제교류와 협력, 투자유치 등이 해당 국가의 지방자치단체나 민간기관, 국제기구와 협력을 추진할 수 있도록 지방자치단체의 역할 조항이 신설돼 있다.

도의회는 이 조례 제정과 관련, 별도의 예산을 증액하지 않고 내실을 꾀한다는 명제 아래 궤도를 전면 수정한 것이다. 조례를 통해 직위와 선수에 국한하지 않고 모든 의원들에게 문호를 개방, 전남과 문화권이 비슷한 중국, 일본, 베트남 등에 한정해 의원 외교 형태로 운영할 방침이다.

또 단발성 교류가 아닌 임기 4년 또는 재선, 3선 당선시에도 지속적으로 해당 국가 지방 도시와의 교류를 통해 경제, 사회, 문화, 교육, 스포츠 등을 교감하면서 일하는 의회, 도민을 위한 의정 활동에 치중할 방침이다.

인구 절벽, 지방 소멸 위기를 깨뜨려야 하는 절체절명의 현실에서 우리 의원들이 우리 지역의 만대 번영을 생각하고 주민들의 행복을 추구하는 데에 전념할 수 있도록 체질 개선을 강화해 나가기 위한 노력이 필요하다는 생각이다.

'소통 중심, 일하는 의회'라는 기조는 회의 횟수나 처리 의안 건수만으로 판단할 수 없다. 조례 하나, 결의문 하나를 만들더라도 도민과 함께 논의하고, 지역의 중장기 과제를 붙들고 연구·토론하며, 국회 앞과 대통령실 앞까지 찾아가기를 주저하지 않는 의회, 도민에게 신뢰받는 일하는 의회가 바로 그런 모습이 아닐까.

## 3. 동부청사, 전남 동부권의 새로운 동력이 되다

### 행정 접근권의 불평등에서 출발한 문제의식

2023년 9월 1일, 초가을 하늘 아래 새로 지어진 전라남도 동부청사 개청식이 열렸다. 이제 동부에도 제대로 된 청사가 생겼다는 기대감도 높아졌다. 4개국 13개 부서 체제로 본격 운영되기 시작했다.

동부청사 개청은 전라남도 동부 지역 주민들에게는 특별한 의미가 있다. 동부청사의 전신은 지난 2005년 전남도청이 광주에서 전남 서부권인 무안으로 이전하면서 동부권 도민들의 행정 편의를 위해 순천에 설치된 동부출장소였다. 2014년에는 균일한 행정 서비스 공급을 확대하기 위해 동부지역본부로 격상시켰으나 도민의 행정 불편을 해소하기에는 역부족이었다.

하지만 드디어 동부청사를 개청함으로써 행정 서비스 기능이 더욱 강화되어 동부권 도민들은 실질적으로 체감하는 행정 서비스를 제대로 제공 받을 수 있게 되었다. 특히 도민 상담실, 북카페, 정원 등 문화 휴양 시설을 개방해 도민과의 소통을 강화하고, 힐링과 휴식을 취할 수 있게 되어 그 의미는 크다고 생각한다.

전라남도 동부청사는 전남 동부권의 오랜 숙원이기도 했다. 전라남도의 행정 중심은 오랫동안 무안과 목포, 이른바 서부권에 집중돼 있었다. 순천·여수·광양으로 대표되는 동부권 주민들이 도청을 한 번 다녀오려면 차로 1시간 반에서 2시간 가까이 걸리는 일이 다반사였다. 순천에서 도청까지 왕복하는 데 하루 반나절이 훌쩍 사라지는 현실은 단순한 불편을 넘어, 행정에서 소외되고 있다는 감정으로 이어지곤 했다.

"동부에도 별도의 청사가 필요하다."

"민원과 행정 기능을 가까이에서 처리할 수 있도록 개선해달라."

동부권에서는 오래전부터 이러한 요구가 계속 제기돼 왔다. 하지만 이 같은 요구는 선거철 공약으로만 반복될 뿐, 예비 타당성 문제나 재정 부담, 조직 분산에 대한 우려를 이유로 번번이 뒤로 밀렸다. 필요성에 대한 공감은 있었지만, 지금 당장 추진하자는 결단으로 이어지지는 못했던 것이다.

이 문제는 단순한 거리 문제나 교통 불편 문제로 볼 수만은 없다.

엄밀히 보자면 분명한 행정 접근권의 불평등 문제라고 볼 수 있다. 동부권 주민과 기업, 공공 기관이 도청 업무를 보기 위해 매번 반나절씩 시간을 소모해야 하는 구조는 행정 효율성 측면에서도, 형평성 측면에서도 설득력이 없었다. 그래서 도정 질문과 예산 심의 때마다 동부권 소외 문제를 구체적인 수치와 사례로 짚으며, 별도의 동부청사 설치 필요성을 반복해서 제기해 왔다.

## 끈질긴 요구가 정책이 되기까지

동부청사 논의는 단 한 번의 발언으로 현실이 된 일이 아니었다. 박준영 지사 시절부터 동부권 도의원들과 함께 도정 질문, 5분 발언, 상임위 논의를 통해 '동부권 행정 거점'과 '제2청사'의 필요성을 끈질기게 이야기해 왔다. 이 과정에서 나는 동부권의 산업 규모와 인구 비중, 행정 수요를 근거로 들었다.

광양만권 경제자유구역, 여수 국가 산단, 순천·광양·여수의 인구와 산업 비중을 합치면 전남 경제의 절반 이상을 동부권이 떠받치고 있음에도, 행정 인프라는 서부권에 과도하게 편중돼 있다는 점을 도정 곳곳에서 지적했다. 동부청사는 단순한 민원 창구가 아니라, 실질

이재명 당 대표 전남도청 방문.

적인 정책 결정과 집행이 가능한 행정 거점이어야 한다는 것이 내 일관된 주장이었다.

이 구상이 보다 구체화된 것은 이낙연 지사 시기였다. 이낙연 지사는 도정 방향에서 "동부권 행정 수요에 대응하기 위한 동부청사 건립 추진"을 공식적으로 밝히며, 여수·순천·광양·고흥·보성·구례를 아우르는 제2 행정 거점의 필요성을 인정했다. 동부청사 건립은 동부권에서 오랫동안 쌓여온 요구와 의회의 압박이 만들어 낸 결과다.

## 전남 동부권 미래를 움직이는 엔진

동부청사를 짓기로 결정이 난 후에도 여전히 논란이 끊이지 않았다. 가장 큰 쟁점은 청사의 규모와 기능이었다. 초기 검토안은 소규모 조직만 배치하는 수준, 사실상 '출장소'에 가까운 형태로 축소될 가능성이 있었다. 나는 도정 질문과 예산 심의, 의장으로서의 비공개 협의 자리에서 거듭 요구했다.

"이건 출장소가 아니다. 최소 몇 개 국이 상주하는 본격적인 행정 복합 청사가 돼야 한다. 정책 결정과 집행이 실제로 이뤄지는 조직이 와야 한다."

다행스럽게도 전라남도는 이후 계획을 조정해 동부권 주요 기능을 맡는 실·국 단위 부서를 단계적으로 배치하는 방향으로 구상을 확대했다. 문화 관광·일자리·환경·산업 관련 부서와 함께 민원실, 회의·협의 공간이 포함된 동부지역본부 격의 청사 설계가 이뤄졌고, 의회 차원에서는 예산·조직 심의 과정에서 이 규모가 '반쪽짜리'로 축소되지 않도록 끝까지 점검하고 조정했다.

이 과정에서 나는 동부권 의원들과 함께 여수·순천·광양뿐 아니라 고흥·보성·구례까지 아우르는 행정 거점이 돼야 한다는 점을 지속적으로 강조했다. 단지 세 도시를 위한 청사가 아니라, 전남 동부 6개

시·군의 현안을 현장에서 더 빠르게 다룰 수 있는 거점이어야 한다는 판단이었다. 산업 단지 환경 문제, 항만·물류, 관광·농어업, 교육·의료 격차 같은 동부권 현안이 책상 위가 아니라 현장에서 논의되고 조정될 수 있도록 기능 배치에도 의견을 냈다. 동부청사는 도지사의 결단이 큰 역할을 했지만 그 바탕에는 전라남도 의회의 지속적이고도 꾸준한 문제 제기와 견인이 있었다.

이제 남은 과제는 이 공간을 어떻게 채우느냐다. 단순히 공무원 300명이 옮겨온 건물로 끝나서는 안 된다. 동부권 주민의 민원과 정책을 실제로 해결하는 장소, 기업과 시민, 지자체가 함께 머리를 맞대는 협력의 거점이 돼야 한다. 동부청사 개청으로 전라남도 동부권과 서부권의 상생과 균형 발전을 촉진하고, 도민들에게 보다 편안하고 행복한 삶을 제공하는 전환점이 되기를 기대하며 동부청사가 단순히 멋진 건물이 아니라 전라남도 동부권의 미래를 설계하는 엔진이 될 수 있기를 희망해 본다.

## 4. 전남 국립 의과대학 유치, 불씨를 되살리다

### 200만 도민의 30년 숙원

전라남도 국립 의과대학 유치는 내가 도의장으로 취임한 이후 가장 전면에 내세운 의제 중 하나였다. 이 문제는 단순한 지역 현안 정도가 아니라, 200만 도민의 30년 숙원이며 전남 도민의 생명과 직결된 사안이기도 하다. 이 문제는 '의료 인프라'의 문제가 아니라 '도민 생명권'의 문제다.

전남의 고령 인구 비율과 등록 장애인 비율은 전국 1위다. 도서 지역이 가장 많이 분포돼 있어 의료 접근성 또한 취약하다. 석유 화학 등 국가 기간 산업 시설이 밀집돼 있어 대형 사고나 산업 재해에 대비한 종합 의료 기관 설립이 절실하다. 인구·면적 규모에 비해 의료 인프라가 취약하다는 문제의식이 오래 전부터 존재했지만, 한동안 논의의 불씨가 사라지다시피 했다.

게다가 전남은 전국 17개 시·도 가운데 유일하게 의과대학이 없는 지역이다. 이것이 어제오늘의 일이 아니지만 아직까지 마땅한 대책이 없는 상태다. 현장에서는 이미 응급·필수 의료 붕괴로 이어지고 있으며 응급 환자가 제때 치료를 받지 못해 타 지역으로 이송되는 일도 일어나고 있다. 또 분만실과 응급실이 문을 닫는 일이 반복되는 현실에서 의과대학 부재는 더 이상 추상적인 문제가 아니었다.

의사 수 부족을 넘어, 공공·필수 의료를 책임질 인력을 지역에서 길러 내지 않으면 전남의 의료 공백은 구조적으로 반복될 수밖에 없다. 이 문제는 특정 지역의 이해관계를 넘어 국가가 책임져야 할 과제라는 생각이다.

도의회에서는 소관 상임위에 관련 전담 인력을 배정했다. 이후 의회 차원에서 처음으로 22개 시·군이 모두 참여하는 범도민 의대유치 추진위원회를 구성했고 전남도와 함께 '전남 국립의대 유치 범도민 추진위원회'를 출범시켰다. 추진위에는 도의회, 도·시군의회, 의료계·교육계·시민 사회 대표들이 참여했고, 전남도의회는 이 추진위 활동을 뒷받침하기 위해 결의문 채택, 정부·국회 건의, 릴레이 서명운동, 대국민 홍보 캠페인을 이어갔다.

전남도의회 의대 유치 대책위는 목포역·순천역 등에서 추석 귀성

객을 상대로 국립 의대 유치 홍보 캠페인을 벌였고, 서울 여의도 국회의사당 앞에서는 '전남 국립 의대 유치 범도민 결의 행사'를 열어 "전남에 반드시 국립 의과대학이 신설돼야 한다"는 도민의 여망을 한 목소리로 외쳤다. 지방 시대의 핵심은 지역 의료의 불균형을 해소하는 것이다.

## 전방위적 홍보 작전, 결실을 향해 가다

의회 안에만 머무르지 않았다. 전라남도의회는 국회에서 '전남권 국립 의대 신설 촉구' 기자 회견을 열었고, 나 역시 의장으로서 전남의 열악한 의료 현실과 의과대학 부재의 문제를 직접 설명했다. 같은 자리에서 대통령실 관계자에게 국립 의대 유치를 호소하는 건의문을 전달했다. 정책 결정의 중심부에 이 문제가 닿아야 한다고 판단했기 때문이다.

보건복지부의 의대 정원 확대 논의 과정에서 전남 의대 신설이 제외될 수 있다는 우려에 대해서도 나는 전체 정원만 늘리고 전남 지역에 의대 신설을 외면하는 것은 의료 취약 지역을 방치하는 것이라며 공개적으로 지적했다. 아무리 의대 정원을 늘려도 혜택은 결국 기존 의대가 있는 지역으로 쏠릴 수밖에 없다는 점을 분명히 짚고 싶었다.

의대 유치를 위한 순천역 홍보 활동.

광주시의회와 공동 기자 회견을 열어 전남권 국립 의대 신설을 함께 요구하기도 했다. 광주와 전남은 이미 하나의 의료 생활권이고, 필수 의료 역시 권역 단위로 작동하고 있다. 전남 국립의대 신설은 호남 전체의 공공 의료 기반을 강화하는 일이라는 점을 강조했다.

의대 신설 논의가 지연되는 동안 손을 놓고 있을 수는 없었다. 도정 질문과 성명을 통해 지역 필수 의사제 등 기존 제도를 최대한 활용해 의료 공백을 줄여야 한다고 주문했다. 순천의료원과 성가롤로병원 등 지역 거점 의료 기관을 중심으로 필수 의료 인력이 유지될 수 있는 현실적인 대안도 함께 제시했다.

다행스럽게도 전남 국립 의대 신설에 대해 일단 정부는 원칙적으로 수용 의사를 밝힌 상태에서 설립 방식과 정원, 개교 시점을 두고 막바지 논의가 진행 중인 것으로 알고 있다. 정부와 전남도는 전남에 국립 의대를 신설한다는 방향에는 공감대를 이뤘고, 전남도는 2027년 개교를 목표로 절차를 추진하고 있다.

현재 논의의 중심은 목포대·순천대 통합을 기반으로 한 '통합 국립 의대' 구상과, 보건복지부 의료 인력 수급 추계에 따른 의대 정원 배정 문제다. 두 대학은 통합과 공동 의대 설립에 원칙적으로 합의해 계획을 제출한 상태지만, 대학 내부 의견 수렴과 정원·인가 절차라는 과제가 여전히 남아 있다.

아직 모든 것이 확정된 단계는 아니다. 다만, 전남 국립 의대는 더 이상 구호에 머무는 과제가 아니라, 설립 방식과 일정, 정원을 놓고 실제 논의가 진행되는 정책 과제의 문턱까지는 도달해 있다. 앞으로 1~2년이 이 과제의 성패를 가를 중요한 분기점이 될 것이다.

아직 의대 설립이라는 최종 목표에 도달한 것은 아니지만, 사실상 잊혀져 가던 전남 국립 의대 논의를 중앙 정치의 공식 의제로 올려서 여기까지 끌고 올 수 있었던데는 전라남도의 200만 도민을 비롯해 많은 분들의 열정적인 노력이 있었지만 도의회의 역할도 결코 빼놓을 수 없을 것이라고 생각한다.

광남일보 '기고문'
2023년 12월 11일

## 전남권 의대 신설, 마지막 골든 타임을 사수하라

빅5라 불리는 서울 대형 종합병원 인근에는 환자촌이라 불리는 곳들이 있다. 서울을 오가는 지방의 환자들이 치료를 위해 머무르는 원룸이나 고시텔을 이르는 말이 다름아닌 환자촌이다. 수도권 일극 체제에서 비롯된 의료 기본권의 불평등이 불러 온 아픈 현실의 한 단면이 아닐 수 없다. 생과 사를 가르는 가장 절실한 순간까지도 보이지 않는 차별이 그 존재감을 공고히 드러내고 있다.

쏠림 현상이 극에 달한 의료 인프라 체계를 개선하기 위해 최근 전남 지역 여야 4당은 전남권 의대 신설을 위한 합동 기자 회견을 개최했다. 의료 취약지인 전남의 심각성을 알리고 그 대안 도출에 적극 협력할 것을 천명하고자 마련된 자리였다. 이날 전남 여야 4당이 입을 모아 외친

선명한 명제는 정부의 의대 증원 계획에 지역 의대 신설 방침을 포함하고, 2025년도 의대 증원분에 신설 정원을 배정해 달라는 것이었다.

잘 알려져 있듯, 전남은 의료 불모지에 다름없다. 도내 22개의 시군 중 17개의 시군이 응급 의료 취약지역으로 지정돼 있으며, 전국의 섬 중 60% 이상이 전남에 분포하는 등 낙후된 지리적 상황에 의료 접근성이 매우 취약하다. 65세 이상 고령 인구가 44만 7000명(25.5%)으로 전국 17개 시도 중 가장 많고 석유화학, 철강 등 국가 기반 산업 시설이 밀집된 지역의 사고 또한 빈발해 높은 의료 수요를 감당하기 위한 기반 확충이 무엇보다 시급하다.

그럼에도 불구하고 전남에는 의과대학과 20개 이상 진료과를 갖춘 상급종합병원이 전무한 상황이다. 이에 연간 83만 명의 도민이 중증 응급, 외상 등 고난도 치료를 위해 타 시도로 원정 진료를 떠나고 있으며, 유출되는 의료 비용만 무려 1조 6천억 원에 달한다. 극심한 의료 공백이 결국 지역 경제의 막대한 손실과 도민들의 경제적 부담으로 돌아오고 있는 것이다.

정부는 지역 완결적 의료 체계 구축으로 의료 불평등을 해결해 나가겠다는 입장을 고수하고 있다. 이에 '필수 의료 혁신 이행 추진 계획'을 통해 2025년부터 단계적으로 의대 정원을 확대하고, 지역 의대 신설도 지속적으로 검토해 나갈 것임을 밝혔다. 지난 11월 21일에는 보건복지부에서 의과대학 정원 수요 조사 결과를 발표하는 등 의대 정원 확대로 문제 해결의 단초를 마련하겠다는 의지를 명확히 표한 바 있다.

18년째 동결됐던 의대 입학 정원의 확대 논의가 본격화 된 것은 축하할 만한 일이다. 그러나 전남은 인구 1,000명 당 의사 수가 2.6명으로 서울의 4.8명에 비해 절반 수준으로 턱없이 부족하다. 응급 의학 전문의 또한 인구 10만 명당 0.4명으로 전국 평균 1.2명에 크게 못 미치는 실정이다. 낙숫물로 가뭄을 해결할 수 없듯 기존 의대 정원을 소규모 확대하는 것만으로는 정부가 말하는 혁신적 의료 개선이 불가능하다.

응급 상황에 적시 대처가 가능한 충분한 의료 인력을 구축하고, 이 인력이 타 지역 유출 없이 지역 의료 여건 개선에 적극적으로 투입될 수 있는 안정적 시스템을 구축하는 것, 모든 문제를 푸는 근원적 열쇠는 전남권 의대 신설이다. 때문에 도민의 생명과 건강을 위협하는 의료 취약지의 문제를 조속히 해결하기 위해 지역 의대 신설을 막연히 '지속적 검토'로만 방치해서는 안 될 것이다.

제 12대 전남도의회는 균등한 의료 기본권의 보장으로 도민의 건강권을 수호하기 위해 그간 꾸준한 노력을 기울여 왔다. 지난해 8월 전남도 22개 모든 시군의 의원을 포함한 '전라남도 의과대학 유치 대책위원회'를 구성한 것을 시작으로 간담회와 토론회 개최, 성명 발표, 언론·가두 홍보 등 적극적 활동을 이어오고 있다. 최근에는 국회 기자 회견과 대규모 상경 집회를 열어 정부에 '전라남도 국립 의과대학 신설'을 강력히 촉구했으며 관련 내용을 담은 호소문을 대통령실에 전달하기도 했다.

앞으로도 중앙 부처와 유관 기관에 의대 유치의 당위성을 홍보하는 한편, 국회에 국립 의과대학 신설 법안의 조속한 처리를 다양한 방법으로 촉구할 계획이다. 의대 신설은 전남도민에게 있어 생존과 직결된 문제이기에, 절박성과 결기가 그 어느 때 보다 필요한 시기라 보고 비상한 대책을 세워 나가겠다는 다짐이다.

응급 환자의 생사를 결정짓는 최소 시간을 뜻 하는 '골든 타임'.

어쩌면 지금 우리는 전남도민의 생명이 걸린 마지막 골든 타임을 지나고 있을지도 모른다. 최소한의 의료 기본권 보장을 위한 이 기회를 놓치지 않도록, 정부가 전남권 국립 의과대학 신설을 조속히 확정하길 기대한다.

# 5. 전남도의회 청렴도 1등급 달성의 비결

## 감시하는 의회의 자기 성찰

전라남도의회 의장을 맡으면서 여러 성과가 있었지만 그중에서도 가장 뜻깊은 일을 하나 꼽으라면 2024년 국민권익위원회가 실시한 공공 기관 종합 청렴도 평가에서 전남도의회가 최고 등급인 1등급을 기록한 일이다.

의회는 본질적으로 집행부와 공공 기관을 감시하고 지적하는 위치에 있다. 그렇기 때문에 늘 스스로에게 먼저 물어야 한다. 우리는 과연 지적할 자격이 있는가. 내가 올바르지 않은 상태에서 누구를 비판할 수 있을까 하는 질문은 의정 활동을 하며 늘 마음속에 두고 있던 기준이었다.

특히 의회는 예산과 제도, 정책 결정에 큰 영향력을 미치는 기관이다. 사적 이해 충돌 가능성에 대해 끊임없이 경계하고, 내부 정화 노력을 지속하지 않으면 신뢰는 한순간에 무너질 수 있다. 그래서 의원 행동 강령과 이해 충돌 방지 규정은 집행부보다 더 엄격해야 한다고 생각했다. 청렴은 선택이 아니라, 의회가 존재하기 위한 최소 조건이기 때문이다.

이런 문제의식은 이미 운영위원장 시절부터 실천으로 이어졌다. 2019년 제11대 전남도의회 전반기 운영위원장을 맡았을 때, 외유성 국외 출장 논란을 사전에 차단하고 의원들의 청렴한 직무 수행을 제

ESG 결의대회.

도적으로 보장하기 위해 관련 조례를 전면 개정했다. 의원의 사적 이해관계 신고 의무, 가족 채용 시 영향력 행사 금지, 수의계약 제한, 알선·청탁 금지, 사적 노무 요구 금지 등 그동안 느슨했던 규정을 대폭 강화했다.

공무 국외 출장 조례 역시 손봤다. 국외 출장 심사위원회에서 민간위원 비율을 3분의 2까지 확대하고, 위원장도 민간 위원 가운데 선출하도록 해 '셀프 심사' 논란이 원천적으로 발생하지 않도록 했다. 이 같은 제도 개선의 결과, 2021년 국민권익위원회 청렴도 측정에서 의회 운영 분야 1등급을 포함한 종합 청렴도 2등급을 달성할 수 있었다. 이후에도 우리는 멈추지 않고 제도를 다듬고 내실을 키워 왔다.

## 조례·교육·ESG로 쌓은 신뢰

의원들의 청렴 문제를 지속적으로 강조하고 있음에도 불구하고 12대 의회 개원 초기 몇몇 의원들의 일탈 문제가 발생한 것도 사실이다. 아무리 좋은 제도를 만든다고 해도 근본적으로는 의원들이 스스로 그것을 지켜 나가지 않으면 안된다. 스스로 깊은 자성과 꾸준한 내부 정화 활동이 필요하다. 특히 의회는 집행부에 영향력이 큰 만큼 이해 충돌 방지 규정 등을 더욱 엄격히 규정해야 하고 의원 행동 강령 또한 철저하게 준수해야 한다.

청렴은 선언으로 만들어지는 것이 아니라 제도와 습관으로 만들어진다. 말로 "청렴하자"고 해서 금방될 것 같으면 못할 조직이 없을 것이다. 의장에 취임한 뒤 내가 가장 먼저 고민한 것도 의회가 스스로를 어떻게 통제할 것인가였다. 그 고민의 출발점에서 나온 것이 바로 '전라남도의회 청렴도 향상 조례'였다. 이 조례는 전남도의회의 청렴도 향상과 부패 방지를 위한 계획 수립, 청렴 교육, 자체 평가, 청렴도 향상 시책 추진 등을 제도적으로 뒷받침하는 내용을 담고 있고, 나는 지방의회 최초로 이 조례안을 대표 발의했다. 투명하고 책임 있는 의회 운영을 선도하기 위한 장치였다.

이 조례에는 전년도 청렴도 측정 결과 등 실태 분석, 청렴도 향상 및 부패 방지 기본 방향, 청렴도 향상 및 부패 방지를 위한 시책·추진 과제, 그 밖에 의장이 청렴도 향상 및 부패 방지를 위하여 필요하다고 인정하는 사항을 포함하고 있으며 의회의 반부패 노력을 제도적으로 뒷받침하는 내용이 담겨 있다.

또한 청렴 관련 교육 및 홍보 사업, 반부패·청렴 활동 평가 및 조사, 그 밖에 의장이 필요하다고 인정하는 사업을 추진할 수 있다는 내용을 담고 있다. 이 밖에도 의정활동비 및 업무추진비와 관련한 전라남도의회 의원 의정 활동비 등 지급에 관한 조례 일부 개정 조례안도 발의했다. 앞으로도 지속적인 모니터링으로 반부패 청렴 제도의 고도화를 추진하는 한편, 부패 취약 분야를 지속 점검 보완해야 할 것이다.

조례 제정과 함께 윤리 관련 내부 규정도 전면 정비했다. 지방의원 행동 강령과 이해 충돌 방지 기준을 보다 구체화하고, 윤리 심사 과정에 외부 전문가가 참여하는 자문 체계를 가동했다. 문제가 생겼을 때 내부에서 덮는 구조가 아니라, 스스로 드러내고 점검하는 구조를 만들고자 했다.

교육 역시 중요했다. 매년 한 차례 이상 전 의원과 사무처 공무원이 함께 참여하는 청렴·반부패 교육을 정례화했다. 이해 충돌, 갑질, 특혜성 예산 편성, 접대와 편의 제공 등 현실에서 실제로 마주치는 문제를 반복적으로 다뤘다. 한 번 말하고 끝내면 문화가 되지 않는다. 계속 이야기해야 기준이 된다.

의정 운영 전반에는 ESG 관점도 접목시켰다. 환경을 고려한 의정 활동, 사회적 약자에 대한 배려, 의사 결정 과정의 투명성을 평가와 포상, 인센티브에 연결해 청렴하고 공정하게 일하는 사람이 인정받는다는 메시지를 분명히 주고자 했다.

전남도의회는 도민의 민의를 대변하는 대표기관이기 때문에, 의회 공직자는 그 누구보다 청렴하고 공정하게 직무를 수행해야 한다. 청렴도 향상을 위한 조례 제정과 교육, 내부 점검이 그 기반이다.

12대 전라남도의회에서는 지방 의회 최초로 'ESG 실천 조례'를 제정해 사회적 가치와 책임 실현의 좋은 선례를 남긴 것으로 평가를 받았다. ESG는 친환경·사회적 책임·지배 구조 개선 등 투명 경영을 고려해야 지속 가능한 발전을 할 수 있다는 철학을 담고 있다.

과거에는 기업이 재무 성과에만 목표를 뒀다면, 최근에는 이익을 내는 과정에서도 투명한 방법으로 사회 구성원들과 공존해야만 기업 가치를 인정받을 수 있다. 이러한 사회적 기대에 부응해 많은 기업들이 ESG 전담 위원회를 만들고 사회 공헌 부서를 확장하고 있으며, 공공 기관에도 이러한 바람이 불고 있다.

특히 정부가 2021년 3월부터 공공 기관 통합 공시 항목에 ESG를 대폭 확대하는 정책을 추진하면서 공공기관에서 ESG는 필수 이행 사항이 됐다. ESG는 기업을 넘어 공공 분야까지 영역이 확장되고 있다.

당시 서울, 경기 수도권에서 ESG 행정을 중점적으로 펼치고 있었지만, 전남에서도 ESG를 적극적으로 추진해야 한다는 생각이었다.

2023년 4월 61명의 전체 도의원과 의회 사무처 직원들이 함께하는 '전남도의회 ESG 비전 선포식'을 갖고 일회용품 안 쓰기, 탄소 포인트제, 월급 일정액 기부, 지역 화폐 사용 등 환경·사회·지배 구조 개선에 관한 21개 지표를 수립해, ESG를 실천해 오고 있다. 비전 선포식을 계기로 우리가 할 수 있는 작은 것부터 시작해 ESG 실천 영역을 넓혀 나갈 수 있도록 했다.

ESG 실천의 일환으로 전체 의원과 의회 사무처 직원들이 매월 급여 중 1만 원 이하 끝전을 모아 적립한 600만 원을 전남사회복지공동모금회에 전달했으며 아름다운가게 목포점에서 전라남도의회 의원 및 직원들이 기부한 1,200여 점의 물품을 판매하는 자선 바자회를 개최하기도 했다. 오래된 습관을 바꾸는 것은 쉽지 않은 일이다. 하지만 환경과 나눔 그리고 투명하고 청렴한 운영을 통해 지속 가능한 미래를 만드는 것은 우리 의회가 선도해 나갈 소중한 가치다. 변화를 위한 우리의 작은 노력이 큰 변화의 마중물이 될 것이라 믿는다.

## 내부 청렴도의 본질, 시스템을 존중하는 리더십

청렴도는 예산이나 입법 성과보다도 훨씬 올리기 어려운 성적표이다. 하루아침에 이루어지기도 힘들다. 도민과 공직자, 이해관계자들이 조직 안팎에서 실제로 느끼는 신뢰가 그대로 숫자로 드러나는 지표이며 그래서 더 어렵고, 더 중요하다고 느끼고 있다.

청렴도 평가를 조금 더 들여다보면, 외부 청렴도와 내부 청렴도로 나뉜다. 외부 청렴도는 도민과 이해관계자를 대상으로 한 조사이기 때문에 의정 활동 이미지나 외부 평판의 영향을 일부 받을 수 있다.

사랑의열매 기부금 모금 행사에서 축사.

그러나 진짜 어렵고 중요한 것은 내부 청렴도다. 내부 청렴도는 의회 사무처 공무원 등 직원들이 익명으로 평가한다. 기관장의 언행, 인사 운영, 공사·계약의 공정성이 조금이라도 흔들리면 점수는 절대 올라가지 않는다.

의장으로 있는 동안 나는 새로운 규칙을 마구 만들어 내기보다, 이미 존재하는 규정과 절차를 흔들지 않는 것을 원칙으로 삼았다. 인사에서는 인사위원회와 기존 기준을 존중했고, 공사·용역·계약에서도 의장실이 직접 개입하지 않도록 선을 분명히 그었다. 규정을 어기면 당장은 일이 빨리 풀리는 것처럼 보일 수 있다. 그러나 그 순간 조직

내부의 신뢰는 무너진다. 반대로 시간이 조금 더 걸리더라도 예측 가능한 절차를 지키고, 모든 사람에게 같은 기준을 적용하면 조직은 안정되고, 내부 청렴도는 자연스럽게 따라온다.

국민권익위원회의 청렴도 평가는 수만 명을 대상으로 한 설문 조사와 부패 방지 노력, 실제 부패 사건 발생 여부 등을 종합해 산출된다. 지방 의회 전반의 청렴 수준이 낮다는 평가 속에서도, 전남도의회는 2019년 이후 종합 청렴도 2등급을 꾸준히 유지해 왔고 마침내 1등급에 도달했다. 이는 하루아침에 만들어진 성과가 아니라, 제도와 교육, 운영 원칙을 꾸준히 쌓아온 결과였다.

청렴은 몇몇 개인의 도덕성만으로 만들 수 없다. 조직이 공정하게 운영된다는 믿음, 그리고 그 믿음을 뒷받침하는 제도와 실행이 함께 가야 한다. 의장으로서 내가 맡은 역할은 그 기반을 만들고, 구성원들이 그 방향에 동의하며 함께 걸어갈 수 있도록 하는 것이었다.

청렴은 선언이 아니라, 원칙을 지키는 운영을 꾸준히 이어갈 때 비로소 가능하다. 의장을 위한 의회가 아니라, 의회를 위한 의장이 되어야 한다는 믿음, 의회가 스스로 공부하고 토론하는 공간으로 바뀔 수 있다는 가능성, 그리고 지역 현안을 의회가 중심이 되어 다시 공론의 장으로 끌어올릴 수 있다는 경험. 이 모든 것의 바탕에는 청렴한 의정 활동을 통해 도민 권익을 지키는 의회라는 목표가 있었다.

그런 활동의 성과를 인정받아 전남도의회는 2022년 행안부 주관 지방 의회 우수 사례 경진 대회에서 최우수상을 받았다. 지역 핵심 자원인 섬을 활용한 의정 활동 방향이 높은 평가를 받았다. 또한 여의도정책연구원이 주관한 '2022년 지방 자치 평가 연계 의정 정책 비전 평가'에서 우수 의정 단체에 선정되는 등 대한민국 지방의회를 선도하는 의회로 평가받았다.

이어 2025년 7월 국회의원회관에서 열린 '2025 대한민국 베스트 브랜드 어워즈'에서 의정 활동 부문 '자랑스런 한국인 대상'을 수상하는 영예를 안았다. 제12대 전라남도의회 전반기(2022~2024년) 의장으로 재임하면서 청렴도 향상 조례를 대표 발의하여 제정하고 권익위 청렴도 평가에서 1등급을 달성하는데 핵심적인 역할을 한 것에 대해 좋은 평가를 받은 것 같다. 대내외적으로 이러한 성과에 대해 인정을 받았다는 점에 대해서 무엇보다 기쁜 마음이다.

대한민국 시도의회 의장 협의회 소식지 '기고문'
2023년 11월 23일

## K-외교의 새바람, 지방 의회로부터!

무궁무진한 K의 진화에 전 세계가 들썩인다. 글로벌 음악 차트를 휩쓴 K팝을 비롯해 연일 완판 사례를 일으키는 K푸드, 유행을 선도하는 K뷰티까지, 일시적 성공으로 치부되던 대한민국의 잠재력이 어느덧 세계 시장의 흐름을 이끄는 중심축으로 자리잡아 강력한 K파워를 발산하고 있다. 그리고 여기, 새롭게 주목받는 K의 다음 챕터가 있다. 바로 '공공 외교'이다.

도약의 새로운 모멘텀을 이끌어나가야 할 중요한 시기, 지방 의회를 주축으로 한 '공공 외교'는 중앙 정부와 차별화된 실효성 높은 외교 체계를 구축해 나간다는 점에서 기대감과 주목도가 높다. 무엇보다 지역민의 삶과 밀착된 생활 외교를 가능케 하기에 경제·환경·문화를 포함한 다양한 분야에서 현실 체감도 높은 글로벌 아젠다 생성에 주효하다는 긍정적 평가를 받는다.

지방 의회의 외교 활동이 국가 경쟁력을 가늠하는 새로운 축으로 도약할 수 있는 기회이다. 전남도의회는 이에 지난해 전라남도의회 의원 외교 활동 지원 조례'를 제정하고 국제 교류의 궤도를 전면 수정한 바 있다.

조례의 주요 내용은 이러하다. 전남과 문화권이 비슷한 중국, 일본, 베트남 등의 지역들과 국가별 의원 친선 협의회를 구성하고 의원 외교 형태로 교류를 운영한다는 방침이다. 또한 단발성 교류가 아닌 지속성에 중점을 둬 임기 4년 또는 재선, 3선 당선 시에도 해당 국가의 지방 도시와 다양한 분야에 걸쳐 교류를 이어가겠다는 내용을 담고 있다. 이는 일하는 의회로의 체질 개선에 집중하며 지방의회의 공공 외교 롤 모델을 구축하겠다는 원대한 포부를 담아낸 것이다.

나름의 성과도 있다. 전남도의회는 지난해 12월 베트남 빈 성의회를 방문한 것을 시작으로, 올해 10월까지 일본 고치현, 몽골 돈드고비, 우즈베키스탄 타슈켄트·사마르칸트 주의회를 순차적으로 방문했다.

베트남은 신남방 핵심 국가로 동남아 내 한국 농수산 식품의 최대 수입국이다. 일본 고치현 또한 전남도와 관광 문화·산업 교류 협정을 체결하고 자매 결연을 맺는 등 대표 친한 지역이다. 몽골은 한류의 지속적 강세로 '한국형 유통 시스템'을 접목하기 적합한 국가로 손꼽히며, 우즈베키스탄 역시 연간 5%의 높은 경제 성장률을 보이는 기회의 땅으로 일제 강점기 강제 이주 당한 고려인 1세대 어르신들이 거주하는 등 우리와 밀접한 역사적 관계를 갖고 있다.

전남도의회는 이렇듯 각 나라의 강점과 관계성을 면밀히 살펴 우호 교류 협약을 체결하고 교류 의향서를 교환하는 등 전략적 협력 관계를 구축했다. 또한 '농도(農都)' 전남의 발전 방향을 다각화하고자 농수산물 시장을 방문해 동향을 파악하고 농산물 수출 전략 워크숍을 개최하는 등 안정적 공급망과 실속있는 현지화 노하우 확보를 위해 노력했다. 간담회 개최와 현지 업체와의 만남을 추진하는 등 판로 확대를 위한 값진 논의의 시간도 가졌다. 사람과 문화, 국가와 지역을 잇는 공공 외교의 영향력을 확인하고 미래 먹거리 산업 발굴을 위해 역동적 첫걸음을 내디딘 순간들이었다.

비전을 구체화하기 위해서는 아직 가야할 길이 멀다. 지역 고유의 특성을 살려 의회간 협력 사업의 연속성을 확보하고 의원 친선 협의회를 기반으로 다자 협력의 틀을 만들어 교류의 수준 또 한 끌어올려야 한다.

무엇보다 이 모든 노력이 글로벌 네트워크 불균형 해소와 지방 균형 발전 구조로 선순환될 수 있는 안정적 시스템을 구축해야 한다.

쉽지 않은 과정임을 알지만 현실에 안주할 수 없다. 이 치열한 도전의 과정이 결국 진일보한 정책으로 완성될 것이기 때문이다.

전남도의회가 공공 외교 전략을 공유하는 소통의 통로가 되어 전남도의 발전에 일조하길 바라며, 지방 의회로부터 시작된 이 공공 외교의 새 바람이 대한민국 외교 인프라 구축의 한 획을 긋는 위대한 시도가 되길 기대해 본다.

# 6. 지방 소멸을 대비하다

## 저출산, 고령화 문제 심각한 전남

청년들이 떠나고 지역이 노령화되고 있다. 특히 전남은 저출산 고령화 문제가 심각한 상황이다. 저출산 문제는 교육 환경이나 주거 문제, 청년들의 일자리 문제 등 여러 가지 복합적인 여건 때문에 일어난 현상이라고 생각한다. 물론 이것이 전남에만 해당되는 문제는 아닐 것이다. 고령화 문제도 마찬가지다.

결국은 이런 현상들로 인해서 갈수록 인구가 감소하고 경제 활동 인구가 줄어들면서 경제, 사회·문화 여러 영역에서 총체적인 문제가 발생하고 있다. 30년 뒤에는 지방 세 곳 중 한 곳이 없어진다는 '지방 소멸'의 위기가 바로 눈앞에 다가와 있는 느낌이다.

이미 많은 지역에서 학교가 사라지고, 병원이 줄고, 기업은 들어오지 않는 악순환이 이어진다. 사람이 줄면, 지역 경제와 공동체가 함께 무너진다. 구조적인 위기가 될 수밖에 없다.

저출산 해결을 위해서 획일적인 지원보다는 아이를 좋은 여건에서 기를 수 있도록 지역 맞춤형 해법이 필요하고, 귀농자나 귀촌자를 적극적으로 유치하고, 청년들의 취업과 창업을 돕는 등 인구 유입 대책이 추진되어야 할 것이다.

인구 감소에 대한 대응책으로 지역 통합을 추진하는 지역도 늘고 있다. 물론 이러한 노력들이 지방 소멸 극복을 위한 대안으로 긍정적 역할이 기대되는 것도 사실이다. 지역 간 행정 통합으로 규모의 경제 실현을 기대해 볼 수 있고, 면적 확대로 기업 유치·일자리 창출에도 새로운 동력을 얻게 될 것이다. 다양한 자원을 활용해 관광 산업의 시너지 효과를 높일 수도 있다.

하지만, 통합을 위해서는 무엇보다 두 지역민의 공감대가 굳건히 형성돼야 하는 것이 전제다. 한때 전남에서 뜨거운 감자로 떠올랐던 목포와 신안의 통합도 지역 주민의 반대 등에 부딪혀 여러 차례의 통합 시도가 실패로 돌아간 경험을 잊어서는 안 된다.

두 지역 주민들이 통합에 공감할 수 있는 가시적인 상생 협력 효과와 타지역 통합 사례 등을 바탕으로 더 구체화 된 논의가 필요할 것으로 보인다. 어떤 방법이든 의회 차원에서 지방 소멸을 늦출 수 있는 방법이 있다면 고민하고 강력하게 지원해 나갈 것이다.

## 지방 소멸 위기 지역, 강력한 유인책이 필요하다

지방 소멸에 대한 대응을 위해 전라남도의회 차원에서도 기회가 있을 때마다 중앙 정부에 관련 내용을 전하고자 애를 썼다. 특히 대한민국 시도의회 의장 협의회가 열릴 때마다 지방 소멸과 관련된 건의안들을 제안했다. 대한민국 시도의회 의장 협의회는 전국 17개 시·도 의회의장이 모인 협의체로, 지방 의회들의 공동 현안을 논의하고 중앙 정부·국회에 지방의 목소리를 전달하는 역할을 하는 기구다.

2023년 6월에 열린 시도의회 의장 협의회 제5차 임시회에서는 '인구 감소 지역 지정 및 재정 지원 개선안'을 건의했다. 행정안전부가 2021년 10월에 공표한 인구 감소 지역(89개)과 관심 지역(18개)은 2020년 기준의 인구 데이터를 근거로 지정되어 현재의 인구 문제를 대응하기에는 한계가 있기 때문에 이 지역에 대한 재검토가 필요하다는 제안이었다.

이어 지방 소멸 대응 기금 지원 규모를 연 1조 원에서 5조 원으로 확대하고, 인구 감소 지역 특례 현실화 등 실효적인 지원 대책을 마련해달라는 내용도 건의했다.

기존의 균형 발전 사업 시행착오를 반복하지 않으려면, 지방 소멸 대응 초기 단계에서 법과 제도의 미비점을 시급하게 개선해야 한다는 생각이었다.

11월 열린 시도의회 의장 협의회 제8차 임시회에 참석해서는 '지방 소멸 위기 지역 기회 발전 특구 조세 특례 혜택 도입 건의안'을 제출하며 기회 발전 특구 내 기업과 근로자에 대해 파격적인 조세 특례를 도입하고 인구 감소 지역을 위한 특별한 재정 정책을 강구해 줄 것을 요구했다.

기회 발전 특구는 현 정부의 대선 공약 중 하나로, 지방 투자 기업

순천 장애인 체육대회에서.

들에 대해 파격적·획기적인 인센티브를 제공함으로써 균형 발전을 실현하는 것을 목표로 하고 있다. 기업 투자 유치라는 측면에서 의미 있는 시도이지만 이 제도가 과연 가장 절박한 지역을 살릴 수 있는 구조인지에 대해서는 물음표가 떠오를 수밖에 없었다. 자칫하면 이미 여건이 좋은 일부 지역만 더 성장시키고, 인구 소멸 위기 지역은 여전히 주변부에 머물 가능성도 배제할 수 없기 때문이다.

현재는 특구 내 기업에 대해 법인세 100% 5년간 감면, 부동산 취득세 100% 감면 등의 세제 혜택을 제공해 주는 방향 등이 논의되고 있으나, 건의안에서는 지방 소멸 위기 지역 내에 입주한 기업과 근로자에 대해 더 강화된 인센티브를 제공토록 요구했다.

전라남도의회의 건의안은 지방 소멸 위기 지역 가운데 기회 발전 특구로 지정되는 곳에 대해, 입주 기업에는 법인세·지방세 감면을 대폭 확대하고, 그 지역에서 일하는 근로자에게도 소득세·취득세 등 개인 세제 혜택을 부여하자는 것이다. 논의 중인 법인세 5년 전액 감면, 부동산 취득세 감면 수준을 넘어, 인구 감소·소멸 위기 지역에는 더 강력한 인센티브를 집중해야 한다는 취지다. 인력과 자본이 특정 지역으로 편중될수록 지방의 기업 유치, 인력 확보는 한계에 직면하여 지역 간 불균형이 심화되고, 이는 곧 지방의 도태와 소멸로 직결될 수밖에 없는 문제다.

기회 발전 특구가 지역 간 불균형 심화와 인구 소멸이라는 고질적 문제를 해소하고 지역 균형 발전이라는 정책 목표를 달성할 수 있도록 하기 위해서는 인구 소멸 위기 지역에 대해 더 큰 인센티브를 제공해 주길 간절히 바라고 있다.

재정 지원은 필요하지만, 그것만으로는 수도권과의 격차를 넘기 어렵다. 재정 지원에 조세 특례를 결합한 '결정적 유인'이 있어야만 지방으로의 이동도 현실화될 수 있을 것이다.

이 건의안은 시도의회 의장 협의회에서 공식 안건으로 채택됐고, 국회와 기획재정부, 행정안전부 등 관계 부처에 전달되었다. 전라남도의회는 이를 단발성 요구로 끝내지 않고, 지방 소멸 위기 지역 조세 특례 강화, 인 구감소 지역 지정 기준과 재정 지원 개선 요구를 묶어 '지방 소멸 대응 패키지'로 중앙 정부에 연속적으로 제안했다. 이후 정부의 정책 흐름을 보면 이런 제안들이 어느 정도 받아들여지고 있는 것같아 그나마 위안이 되었다.

지방 소멸을 막는 일은 단기간에 성과를 낼 수 있는 과제가 아니지만, 의회가 할 수 있는 모든 수단을 동원해 지역의 시간을 조금이라도 더 벌어 주는 일만큼은 끝까지 해 왔고, 앞으로도 의회가 그것을 이어나가 줄 것으로 기대하고 있다.

## 7. 순천만 국제 정원 박람회, 도의회와 함께한 성공

### 발로 뛰는 의회, 전국을 설득하다

순천만 국제 정원 박람회는 순천만 국가 정원을 중심으로 정원·생태·도시 재생을 결합한 국제 행사다. 2013년 첫 박람회에 이어 2023년 두 번째로 열린 이 행사는, 순천을 넘어 전라남도의 브랜드를 세계에 알리는 중요한 계기였다. 전라남도의회 역시 이 행사를 단순한 지역 축제가 아니라, 전남 전체의 위상을 좌우할 국제 행사로 인식하고 준비 단계부터 깊이 관여했다.

도의회는 '2023 순천만 국제 정원 박람회 지원 특별위원회'를 구성해 박람회 준비부터 운영, 폐막 이후까지 전담 지원 체계를 가동했다. 순천 출신 한춘옥 의원이 특별위원장을 맡고, 순천·여수·광양·고

홍 출신 의원들이 대거 참여한 특별위원회는 순천만 국가 정원과 도심권 현장을 직접 점검하고, 전남도·순천시로부터 추진 상황과 예산 집행 계획을 보고 받으며 필요한 국·도비 확보와 미반영 사업의 추가 반영을 지속적으로 챙겼다. 의회 차원의 점검과 주문은 박람회가 단순한 이벤트가 아니라, 완성도 높은 국제 행사로 치러지는 데 중요한 역할을 했다.

특별위원회의는 박람회 홍보와 관람객 유치를 위해 서울에서 제주까지 전국 16개 광역의회를 직접 순회하며 박람회의 취지와 의미를 설명했다. 발로 뛰는 홍보 활동을 통해 순천만 국제 정원 박람회를 전국 지방 의회가 함께 지지하는 행사로 끌어올렸고, 이는 정치적 후원과 전국적 관심으로 이어졌다.

나 역시 전라남도의회 의장 자격으로 순천에서 열린 대한민국 시도의회 의장 협의회에 참석해, 순천만 습지와 순천만 국가 정원이 천혜의 자연환경과 대한민국 제1호 국가 정원이 결합된 국가적 자산임을 강조했다. 박람회를 지방 재정 사업의 하나로 볼 것이 아니라, 탄소 중립과 기후 위기 대응, 정원 문화 확산을 아우르는 국가 프로젝트로 인식해야 한다고 호소했고, 각 시·도의회가 정원 도시 정책에 함께 힘을 모아 줄 것을 요청했다.

이러한 과정 속에서 순천시와 박람회 조직위원회 역시 전남도의회 특별위원회를 공식 파트너로 인정하며, 수차례의 현장 간담회와 추진 상황 보고를 통해 긴밀한 협력 관계를 유지했다.

## 고향에서 열린 특별한 행사

특히 이번 박람회는 나에게 각별한 의미가 있었다. 순천을 기반으로 시의원, 도의원을 거쳐 도의회 의장에 이른 정치인이, 고향 순천에서 열리는 국제 행사를 도의회 전체의 사업으로 끌어올려 지원했다는 점에서 박람회는 내게 무척이나 뜻깊은 행사였다.

순천만 국가정원 박람회 행사장.

박람회 폐막식에서도 이 성과를 일회성으로 끝내지 않고, 정원 산업과 관광 산업으로 확장해 나가겠다는 도의회의 후속 지원 의지를 분명히 밝혔다.

박람회 종료 후 정비 기간을 거쳐 2024년 순천만 국가 정원이 재개장했다. '우주인도 놀러오는 순천'이라는 표현으로 국가 정원의 상징성과 확장된 콘텐츠를 알렸다. 재방문 수요를 이끌고, 순천만 국가 정원을 글로벌 홍보의 거점으로 삼겠다는 의지의 표현이었다.

이후 국가 정원 내 차문화 산업전, 가족 정원 조성 행사 등 다양한 후속 프로그램에도 참여하며, 정원과 지역 산업·문화·관광을 결합한 지속 가능한 운영 모델의 필요성을 강조해 왔다. 2023 순천만 국제 정원 박람회는 7개월 동안 약 970만 명이 방문한 성공적인 국제 행사로 평가되고 있으며 의회 차원에서도 든든한 지원으로 그 성공에 한몫 거든 것 같아서 기쁜 마음이다.

# Chapter V

# 시민이 주인이 되는 순천

# 1. 시민 주권, 시정의 원칙이 되다

## 중앙 정치와 거꾸로 가는 순천시정

요즘 중앙 정치에서는 이재명 대통령의 소통 스타일이 화제가 되고 있다. 업무 보고, 타운홀 미팅 같은 공개 토론 장면이 자연스럽게 생중계되고, 국정 운영과 관련된 다양한 회의 과정이 국민 앞에 드러난다. 권력을 가졌다고 해서 일방적으로 결정하고 통보하는 방식이 아니라, 국민 앞에서 설명하고 질문을 받고 토론하는 방식으로 옮겨가니 "대통령을 참 잘 뽑았다"는 이야기도 곳곳에서 들린다. 그런 모습에 내심 흐뭇한 마음이 든다.

그런데 순천으로 돌아와 지역의 일들을 보면, 중앙 정치와는 정반대의 모습이 자꾸 눈에 띈다. 거꾸로 가는 행정 탓에 요즘 순천시는 무척이나 시끄럽다. 쓰레기 소각장 위치 문제부터 순천 부읍성 연자루 철거, 스포츠파크 건립 같은 굵직한 사업은 물론, 시민 생활과 직결된 소규모 공사에서도 시민에게 의견을 묻는 과정이 거의 보이지 않는다. 시의원이나 기자들이 자료를 요청해도 명쾌한 설명 대신 '감추기'에 급급하다는 말이 들린다. 떳떳하게 밝히지 못할 이유가 무엇인지는 모르겠지만, 순천시정이 국정 흐름과 반대로 가는 느낌을 지울 수 없다.

## 순천 시내 곳곳에서 보이는 불통의 현장들

2023년 순천만 국가 정원 박람회 당시, 도로 일부를 막고 그 위에 양잔디를 깔아 동선을 바꾼 일이 있었다. 행사를 위한 조치였지만 그 도로를 매일 이용하던 시민들에게는 불편함을 초래할 수밖에 없었다. 그래도 시에서 추진하는 행사를 위해 많은 시민들이 희생으로 그것을 받아들였다. 당시 순천시장도 "박람회가 끝나면 도로를 원상 복구하겠다"는 공문까지 보내며 시민들을 설득했다. 시장 명의의 공문은 당연히 시민과의 약속이다. 그런데 박람회가 끝난 지 2년이 되어가도록 그 약속은 지켜지지 않고 있다. 시에 문제를 제기하면 돌아오는 답은 엉뚱하다.

"여론 조사를 해 보니 시민들이 녹지를 그대로 유지하는 게 좋다는 응답이 많습니다."

녹지 싫다고 하는 시민이 있을까. 당연한 이야기이지만 이 문제는 녹지가 좋냐, 싫냐의 문제가 아니다. 시민과의 약속을 어떻게 다룰 것인가, 도로를 이용해 온 주민들의 생활을 어떻게 설명하고 조정할 것인가의 문제다. 적어도 녹지를 그대로 유지하겠다고 한다면 당사자들에게는 충분히 설명하고 이해를 구하고 그들을 설득하려는 노력을 해야 한다. 그런 과정 없이 그저 '여론 조사 결과'만 내세우는 방식은, 직접 피해를 겪는 주민들에게는 무례하게 들릴 수밖에 없다. 불편을 감수해야 하는 이들에게는 보완 대책과 지원책이 함께 제시되어야 한다.

역전시장 앞 상황도 다르지 않다. 인도와 도로를 굴착하는 공사가 6~7개월째 이어지는데도, 주민과 상인들을 상대로 한 설명회 한 번 없었다는 이야기가 나온다. 그 일로 인해 피해를 입는 자영업자들의 속은 새까맣게 타들어갈 수밖에 없다.

"도대체 이게 뭡니까. 우리는 장사를 어떻게 합니까."

상인들이 항의의 목소리를 높이면 돌아오는 대답은 어처구니 없게도 "문제 있으면 소송하세요"라는 것이다. 그런 말을 공무원 입에

시민 의견 수렴 중.

서 들었다는 사실 자체가 시민들을 더 허탈하게 만든다.

행정이 어떤 결정을 내릴 수는 있다. 그러나 결정의 결과가 시민의 삶에 직접적인 타격을 준다면, 행정은 그 불편을 최소화할 책임이 있다. 공사로 피해를 보는 상인들이 있다면, 소상공인 정책 자금이나 융자라도 우선 지원해 "불편을 감수해 달라"고 설득하는 것이 최소한의 예의다. 그것은 단지 '소통 부족'이 아니라 행정이 시민을 대하는 태도 자체의 문제다. 이런 불통이 오래 이어질수록 시민들은 피로감을 느끼고, 변화에 대한 갈망은 점점 커질 수밖에 없다.

## 소각장 문제, 절차를 무너뜨린 결정

순천시정의 불통이 어제오늘의 일은 아니지만, 최근 가장 큰 갈등으로 번진 사안은 순천만 국가정원 인근에 추진되는 광역 쓰레기 소각장 문제다. 겉으로는 환경 문제처럼 보이지만, 더 근본적으로는 행정이 시민과 어떤 관계를 맺고 있는지, 공공 정책이 어떤 절차와 기준 위에서 결정되는지를 보여 주는 상징적인 사건이라고 본다. 민원 상담을 하다 보면 소각장 관련 탄원이 유난히 많고, 그 사연도 절박하다. 핵심은 "소각장이 필요하냐, 필요 없냐"가 아니라 "왜 이런 결정이 이런 방식으로 내려졌느냐"다.

광역 소각장 계획은 순천시뿐 아니라 인근 지역까지 아우르는 시설이다. 최종 고시는 환경부 장관 명의로 이뤄지지만, 실제 계획 수립과 입지 선정, 평가 과정은 순천시가 주도한다고 봐야 한다. 문제는 입지가 순천만 국가 정원 바로 옆, 연향3지구 인근으로 결정됐다는 점이다. 애초 지방선거 과정에서는 율촌산단이나 해룡산단처럼 인구 밀도가 낮은 지역이 거론되기도 했다. 자연재해나 사고 위험을 고려하면, 인구 밀집 지역이나 국가 정원 같은 생태·관광 거점은 피하는 것이 상식이다. 후쿠시마 원전 사고가 보여 주었듯, 대형 시설의 위험은 언제든 예측을 벗어날 수 있다. 그런데 어느 순간, 충분한 공개 설명 없이 입지가 국가 정원 인접 지역으로 바뀌었다.

입지 선정에서 결정적인 것은 환경·생활 영향 평가다. 그런데 전라남도의 감사 결과는 충격적이었다. 평가 점수 조작이 벌어졌고 입지 결정 고시가 된 지역은 1순위가 아닌 것으로 밝혀졌다.

그리고 이 과정에서 중대한 문제가 있었던 것으로 드러났다. 실제로는 아파트가 밀집돼 있고 초등학교와 유치원까지 있는 북쪽 연향 3지구 지역이, 서류상으로는 개발 이전의 논밭으로 표기돼 점수가 산정됐다는 것이다. 이 정도면 사실상 평가 점수 조작에 가깝다. 평가점수 조작은 시험 부정과 비슷하다. 만약 중요한 시험에서 부정이 발생했다면 당연히 해당 시험은 무효가 되고 재시험을 치러야 할 것이다.

소각장 입지 결정에 결정적인 역할을 했던 평가 점수가 조작됐다면 그 결정은 당연히 무효이므로 새롭게 입지 결정 절차를 밟아야 한다. 그렇게 하지 않고서는 이렇게 잘못된 행정 행위와 절차를 치유할 방법이 없다.

나는 상임위와 도정 질문을 통해 이 문제를 지속적으로 제기해 왔다. 단순한 실수로 넘길 일이 아니라, 의도적이든 아니든 행정의 신뢰를 근본부터 흔든 결정이었기 때문이다.

현재 이 사안은 행정 소송으로 이어져, 1심에서는 순천시가 승소했다. 그러나 판결 내용은 납득하기 어렵다. 아파트 숲을 논밭으로 표기한 평가에 대해 법원은 "상공 100m에서 내려다본 시각에서는 그럴 수 있다"는 취지로 판단했다. 100m 높이의 굴뚝을 전제로 영향 평가를 하면서, 100m 상공에서 보니 논밭처럼 보였다는 논리는 상식적으로 받아들이기 힘들다.

행정 소송은 승소율이 10% 안팎에 불과하고, 행정 재량을 폭넓게 인정하는 경향이 있다. 최종적으로 대법원까지 가면 3~4년은 걸린다. 그동안 주민도 행정도 승복하지 못한 채 갈등만 장기화될 가능성

쓰레기 소각장 집회.

이 크다. 이미 3년 넘게 싸워 온 시민들이 감당해야 할 사회적 비용을 생각하면, 법정 다툼만으로 끌고 가는 방식은 무책임하다.

그래서 나는 차기 지방선거까지 행정 절차를 중단하고 시민의 선택으로 판단을 받자는 제안을 해 왔다. 정책은 선거를 통해 심판받는 성격을 갖는다. 이 사안도 예외일 수 없다.

또한 어느 지역이든 충분한 설명과 합당한 보상, 선택권이 주어진다면 상황은 달라질 수 있다. 전남 신안·영광이 태양광·풍력 발전을 '햇빛 연금', '바람 연금'으로 주민에게 환원하듯, 소각장 역시 '자원 순환 연금' 개념으로 접근할 수 있다. 시설이 들어서는 지역 주민에게 존치 기간 동안 연금 형태로 지원하고, 폐열을 활용한 스마트팜 등 지역 산업과 연계한 혜택을 제시한 뒤 공모 방식으로 지역이 선택하게 했다면 결과는 전혀 달랐을 것이다. 그러나 순천시는 몇 곳을 임의로 찍어 점수만 매겨 결정을 내려 버렸다. 이것이 갈등의 출발점이다.

이 사안의 본질은 환경 문제가 아니라 행정의 신뢰 문제다. 시민에게 묻지 않고, 설명하지 않고, 일방적으로 밀어붙이는 행정은 결국 저항을 부른다. 행정은 적법한 절차만으로 정당화되지 않는다. 시민이 납득할 수 있어야 한다. 충분한 정보 공개와 시민 참여, 대안 제시가 없는 한, 이 갈등은 형태만 바꿔 반복될 것이다.

## 순천시의 주인은 시민임을 잊지 말자

정책이 아무리 좋고 옳아도 시민의 공감을 얻지 못하면 추진할 수 없다. 순천시의 주인은 시민이다. 시장과 공무원, 시의원은 시민의 뜻을 실행하는 대리인일 뿐이다. 대리인이 주인의 동의를 건너뛰는 순간, 행정은 빨라질지 몰라도 도시의 신뢰는 무너진다. 그래서 중요한 것은 '무엇을 하느냐'만이 아니라 '어떻게 결정하느냐'다. 시민이 주인이 되려면 결정 과정부터 시민의 것이어야 한다.

재래시장에서 주민들과 소통.

시정을 믿지 못하는 시민이 많아지면 어떤 사업도 제대로 굴러가기 어렵다. 결국 갈등과 불신이 사업을 멈추게 하고, 행정은 소송과 반발 속에서 에너지만 소진한다. 이러한 악순환을 끊고 이런 불통의 시정을 극복하려면 시간이 걸리더라도 시민 의견을 모으고 갈등을 조정·주선하는 상설 기구가 필요하다. 나는 그 대안으로 '시민 소통위원회(가칭)' 운영을 제안한다.

'공청회 한 번 하고 끝'인 형식적 기구가 되어서는 안 된다. 정파가 달라도, 시장을 지지하지 않았더라도, 시민 사회·상인·청년·노년·전문가 등 각계각층이 참여해야 한다. 중요한 것은 찬반을 단순히 집계하는 방식이 아니라, 쟁점과 대안을 테이블 위에 올려놓고 숙의로 결론을 만들어 내는 과정이다. 그러려면 설치·운영 지원 조례를 마련하고 예산을 확보해 위원회가 실질적으로 기능할 수 있도록 해야 한다. 시민의 목소리가 행정을 멈추게 하는 방식이 아니라, 행정이 시민의 목소리를 먼저 품어 갈등을 줄이는 방식으로 바뀌어야 한다.

# 2. '무병 장수 도시' 순천을 꿈꾸다

## 만보기 차고 걷는 게 능사는 아니다

2년 전 도의회에서 타지역 도의회와 교류 행사 중 족구를 하다 왼쪽 다리 아킬레스건이 파열되는 바람에 2개월간 깁스를 한 적이 있다. 깁스를 하고 있는 동안에도 답답해서 죽을 것 같았지만 막상 깁스를 풀고 보니 다리 상태가 엉망이어서 깜짝 놀랐다. 왼쪽 종아리가 오른쪽의 절반 크기로 줄어 있었기 때문이었다.

"운동 열심히 해, 나이 들면 근력 운동이 필수야."

친구들의 권유로 난생 처음 헬스장에 등록해, 근력 운동을 시작했다. 그 전부터 주변 사람들로부터 숱하게 들은 이야기였지만 항상 내 일이 아닌 것처럼 생각했다. 체력에는 언제나 자신이 있다는 쓸데 없는 자신감 때문이었다.

"지금 바쁜데, 다음에 시간 되면 하지, 뭐"

운동은 언제나 내 인생의 후순위였다. 하지만 다리를 다치고 회복하기 위해 근력 운동을 해 보니 '왜 진작 하지 않았을까'하는 아쉬움이 크게 들었다.

헬스장을 다니면서 만나고 함께 운동하는 사람들로부터 들은 이야기들도 나의 고정 관념과 건강에 대한 인식을 크게 바꾸어 놓았다. 85세의 한 할머니는 처음에 지팡이를 짚고 체육관을 찾았지만 지금은 지팡이를 집어던지고 조깅을 열심히 하고 있다고 한다.

또 70대의 한 여성 회원은 요실금·변실금 증상으로 수년간 성인용 기저귀를 하지 않으면 밖으로 외출을 못할 정도였으나 운동을 하고 나서 한달 만에 기저귀를 벗어던질 수 있었다고 했다. 70대 후반의 한 남자 어르신은 운동을 하고 나서 아침·저녁으로 먹던 당뇨약을 끊었다고 말했다. "생활 습관을 바꿨더니 인생 2막이 열렸다"는 이야기가 넘쳐났다.

이런 분들을 만나면서 큰 깨달음을 얻었다. 병원 진료와 약만으로는 해결되지 않는 영역이 분명히 있다는 것, 식단과 운동·생활 습관을 함께 바꿔야 진짜 건강이 찾아온다는 사실이었다.

일본 사람들의 경우 한국인에 비해 운동 시간이 짧은데도 반대로 건강 수명은 3.7세가 더 길다는 사실도 놀라웠다. 운동에도 다양한 방법이 있고, 전문적인 영역이 분명히 있다. 일본 사례를 벤치마킹한다면 아마 좋은 인사이트를 많이 얻게 될 수 있을 것 같다.

물론 시 차원에서도 시민들의 건강을 위해서 여러 가지 일들을 하고 있지만 만보기를 나눠주고, 많이 걷는 시민을 포상하는 식의 행정으로는 한계가 있다는 생각이다. 물론 걷기도 좋은 운동이지만 무조건 많이 걷는 것이 능사는 아니며, 나이와 몸 상태에 따라 필요한 운동과 처방이 따로 있다. 시민들을 위해 잘못된 건강 상식과 제도를 바로 잡고 과감히 혁신해야 할 시기라고 판단된다.

### 시민의 운동할 수 있는 권리

석현동 문화건강센터 수영장 3층에는 순천체력인증센터가 있다. 이곳에서는 근력, 균형성, 유연성, 심폐 지구력 등을 측정하고, 어떤 운동이 적합한지 전문가가 무료로 상담해 준다. 국가 공인 체력 인증센터로, 시민 누구나 예약만 하면 체력 측정과 운동 처방을 받을 수 있다.

그러나 문제는 그다음이다. 검사 결과를 들고 "이제부터 꾸준히 운동하라"는 권고를 받지만, 실제로 헬스·필라테스·요가·태극권·수

영 등 유료 프로그램에 등록하려면 적지 않은 비용이 든다. 특히 노인·저소득층에게는 이 비용이 큰 장벽이다.

그래서 나는 이 문제에 대한 대안으로 순천형 '기초 체력 바우처 제도'를 제안하고 싶다. 체력인증센터에서 검사 후, 일정 기준 이하의 체력으로 판정된 시민에게는 본인이 선택한 운동 종목의 등록비 일부 또는 전부를 시에서 바우처로 지원하는 방식이다.

시민의 운동할 수 있는 권리.

이 제도가 도입되면, 건강이 가장 필요한 시민에게 '운동할 수 있는 권리'를 보장해 줄 수 있고, 복지 예산을 치료보다 예방에 집중하는 계기가 될 것이다.

이 과정에서 '걷기도 제대로 걷게 하자'는 원칙이 필요하다. 한국인의 걷기 실천율은 통계상 나쁘지 않지만, 전문가들은 '자세가 틀어진 상태로, 목적 없는 과도한 보행'이 허리·무릎에 부담을 준다고 경고한다.

하루 2만보, 3만보를 찍기 위해 무리하게 걷는 시민들을 볼 때마다, '양이 아니라 질'이 중요하다는 점을 체계적으로 알려야겠다는 생각이 든다. 체력인증센터와 연계해 '바르게 걷기 교육'과 운동법 교육을 함께 하는 통합 프로그램을 운영한다면, 순천은 '많이 걷는 도시'를 넘어 '제대로 걷는 도시'가 될 수 있다.

## 생활체육 인프라 구축과 시민의 건강이 우선

기초 체력 향상 운동은 도시뿐 아니라 농촌에서도 절실하다. 하지만 읍·면 지역에는 제대로 된 체육관이 없는 곳이 많다. 마을 운동 기구가 설치돼 있어도, 어떻게 사용해야 하는지 몰라 사실상 '철제 조형물'로 방치되는 경우가 적지 않다.

그래서 읍·면 지역에 생활 체육 지도자 파견 사업을 추진해야 한다. 생활 체육 지도자가 정기적으로 마을 회관과 경로당, 마을 헬스기구 설치 장소를 찾아가 기구 사용법과 스트레칭, 근력 운동, 바른 걷기 등을 직접 지도하는 방식이다.

이미 다른 지자체에서 노인·농촌 주민을 대상으로 한 생활 체육 지도자 파견이 낙상 예방, 관절 통증 감소, 우울감 완화 등에서 의미 있는 효과를 거두고 있다는 연구도 있다. 순천도 이 흐름을 받아들여, 읍·면 지역 주민이 '차별 없는 건강권'을 누리는 도시로 가야 한다.

요즘 순천에서는 천문학적 예산이 투자되어야 하는 유니버시아드 대회 유치를 목표로 스포츠파크 건립 규모와 절차를 두고 시끄럽다. 수백억대 예산이 투입되는 메가 이벤트를 준비하는 동안, 정작 시민들이 당장 운동할 수 있는 파크 골프장과 생활 체육 시설은 턱없이 부족하다는 지적이 이어지고 있다.

파크 골프 회원들을 만나 이야기를 들어보면, "군 단위에도 잘 갖춰진 파크 골프장이 많은데 순천은 인구와 수요에 비해 구장이 너무 부족하다"는 불만이 크다. 상사 파크 골프장의 경우, 시설은 부족한데 이용자는 급증해, 주차·소음 민원과 시민 간 갈등까지 발생하고 있다는 보도도 있었다.

이를 해소시키기 위해 외서 한동농원에 골프장 건립을 추진하고 있다. 하지만 갈수록 고령화되고 있어 교통편이 여의치 않은 시민은 엄두를 낼 수도 없고 편의 시설도 없는 곳이라 건립만 해 놓고 운영이 잘 될 수 있을지 걱정도 많고 회원들의 불만도 많은 실정이다. 세금으로 짓는 시설이라면, 접근성과 공공성을 함께 따져야 한다는 시민의 문제 제기에 귀를 기울여야 한다.

순천 도심 인근에는 수년째 방치된 폐교와 유휴 부지가 적지 않다. 이 시설들은 적은 규모의 예산으로도 우선 확보가 가능하다. 의지만 있다면, 이 공간들을 리모델링해 그라운드 골프장과 파크 골프장, 실내 생활 체육 시설로 바꾸는 것은 그리 어려운 일이 아니다.

수천 명의 시민이 "파크 골프 칠 곳이 없다"고 호소하는데, 대규모 국제 대회를 위한 경기장부터 짓는다면, 그것은 순천의 '주인'인 시민보다 이벤트를 우선하는 행정일 수 있다. 수천 명의 시민이 파크 골프 칠 곳이 없는데, 대규모 행사를 치르기 위해 수백억을 먼저 투자하는 것은 주권자인 시민을 무시하는 일일 수도 있다.

### 병원과 시민을 잇는 생활 습관 교정 플랫폼

시립 만성 질환 치유 센터에 대한 생각은 앞서도 언급했던 헬스장에서 만난 70대 여성 회원이 모티브가 되었다. 그 분은 평생 당뇨약을 달고 살아야 한다는 말을 듣고 낙심했지만, 식단과 운동, 생활 습관을 바꾸는 프로그램에 참여한 뒤 결국 약을 끊었다는 이야기를 듣고 영감을 얻었다. 병원 진료와 약 처방은 그대로 유지하되, 그 사이를 메워 줄 '생활 습관 치유 센터'를 만들 수는 없을까.

남승룡 마라톤 대회.

2024년 지역 사회 건강조사에 따르면 전남의 비만율은 36.8%로 전국에서 가장 높은 것으로 나타나 도민 건강에 빨간불이 켜졌다고 판단했기 때문이다. 비만은 당뇨·고혈압·심뇌혈관 질환·치매로 이어지는 만성 질환의 출발점이다. 순천은 물론 전국적으로 전남만이 유일하게 당뇨병 교육 인증 병원이 없는 불모지여서 시급성이 크다.

순천에 전국최초로 시립 만성 질환 치유 센터를 운영하면 시민 건강은 물론 전국적인 모범 사례가 될 것이다. 레스토랑과 체육관을 겸비한 만성 질환 치유 센터는 비만과 만성질환의 치유 캠페인, 시민 교육, 식생활 개선, 내 몸에 필요한 운동 처방과 지도 등 생활 습관 개선 교육 등을 통해 시민 건강에 획기적으로 기여할 수 있을 것이다.

이 센터는 병원을 대체하는 곳이 아니라, 병원과 시민 사이를 잇는 생활 습관 교정 플랫폼이다.

의사의 진료와 약 처방을 받은 시민이 이곳에서 개인별 식단 상담, 체력 측정 및 운동 처방, 비만·당뇨·고혈압 등 만성 질환 교육, 요리 교실, 걷기·근력 프로그램, 심리·정서 지원을 통합적으로 지원받는 구조다.

센터 안에는 레스토랑과 체육관, 교육 공간을 함께 두고, '맛있게 먹는 건강식', '내 몸에 맞는 운동', '생활 습관 코칭'을 한 번에 제공할 수 있도록 설계할 수 있다.

순천의 이런 시도는 비만율이 높고 고령층이 많은 다른 지역에도 충분히 확산될 수 있다. '병원 밖에서 만성 질환을 관리하는 도시', '건강 수명에서 전국 상위권에 드는 도시'라는 목표를 향해, 순천이 먼저 길을 열 수 있다고 믿는다.

한 사람의 운동 습관, 한 마을의 생활 체육, 한 도시의 건강 인프라가 차곡차곡 쌓일 때 무병 장수 도시로 완성되어 갈 것이다. 순천이 '병원비 걱정 덜고, 운동하기 좋은 도시', 나아가 '건강하게 오래 사는 도시'로 나아가도록, 시민과 함께 길을 열어가고 싶다.

## 3. 돈 먹는 하마에서, 자생하는 국가 정원으로

### 관람객 1천만 명 시대의 이면

순천만 국가 정원은 대한민국 제1호 국가 정원으로 지정된 이후, 연간 방문객 수 1천만 명을 돌파하며 '성공한 도시 브랜드'의 대표 사례로 자주 언급된다. 성수기에는 하루 방문객이 20만 명을 넘었다는 기록도 있을 만큼 외형적인 성과만 놓고 보면 화려하다. 이 수치는 순천이라는 도시의 이름을 전국에 알리는 데 결정적인 역할을 했고, 순천이 '정원의 도시'로 자리매김하는 데 중요한 자산이 되었다.

그러나 숫자만으로 성공을 판단하기에는 국가 정원이 안고 있는 현실이 결코 가볍지 않다. 방문객 수의 화려함 뒤에 가려진 재정 구조를 차분히 들여다보면, 지금의 운영 방식이 과연 중장기적으로 지

'전라남도 방문의 해' 연설.

속 가능한지에 대한 근본적인 질문을 던지지 않을 수 없다.

2024년 기준 순천만 국가 정원의 연간 관리·운영비는 약 336억 원에 이르지만, 입장료와 임대료, 각종 프로그램 수익을 모두 합한 세입은 약 163억 원 수준에 그치는 것으로 알려져 있다. 단순 계산만으로도 매년 170억 원 안팎의 적자가 발생하는 구조다. 여기에 공무원 인건비와 간접 행정 비용까지 감안하면, 실제로는 매년 더 큰 재정 부담이 발생하고 있다고 봐야 한다. 국가 정원은 이미 상당한 규모의 시 예산과 국비 지원 없이는 유지가 어려운 구조에 들어와 있다.

이러한 구조적 적자의 배경에는 '관람객 수 확대'에만 초점이 맞춰진 운영 방식이 자리하고 있다. 현재 국가 정원 입장객의 60~70%는 무료 관람객이다. 인근 주민, 고령층, 각종 단체·행사 초청 인원이 늘어나면서 유료 관람객의 비중은 상대적으로 줄어들고 있다. 고령화가 더 심화될수록 무료 관람 비율은 자연스럽게 더 높아질 수밖에 없다.

문제는 이 구조가 일시적인 현상이 아니라는 점이다. 전국 곳곳에서 정원·공원·식물원이 경쟁적으로 조성되고 있는 상황에서, 순천만 국가 정원이 지금과 같은 방식으로 운영된다면 적자 폭은 구조적으로 확대될 가능성이 크다. 지금은 관람객 숫자를 자랑하며 홍보에 매달릴 시점이 아니라, '앞으로 10년, 20년을 어떻게 버틸 것인가'를 냉정하게 고민해야 할 시점이다. 이대로라면 국가 정원은 '자랑스러운 도시 브랜드'이면서 동시에 '재정의 블랙홀'로 전락할 위험을 동시에 안고 있다. 이제는 재정 자립과 체류 경제, 지속 가능성을 중심에 둔 장기적인 재설계가 불가피하다.

## 체류형 관광의 핵심, 숙박 시설 전략

국가 정원 남측 비오톱 습지 인근 공터에 콘도나 리조트 같은 체류형 숙박 시설을 유치하자는 논의는 2013년 순천만 국제 정원 박람회 당시부터 꾸준히 제기돼 왔다. 당시에도 "정원을 하루 보고 떠나는 관광으로는 분명한 한계가 있다"는 지적이 반복됐지만, 여러 차례 검토에도 불구하고 실제 투자로 이어지지는 못했다.

토지 이용 규제, 환경 논란, 투자자 신뢰 부족 등 다양한 이유가 거론됐지만, 궁극적으로는 도시 차원의 결단과 추진 의지가 충분했는지에 대한 질문을 피하기 어렵다. 체류형 관광을 말로는 강조하면서도, 정작 핵심 인프라인 숙박 시설 유치에는 소극적이었던 것이 현실이었다고 본다.

국가 정원 인근 숙박시설이 갖는 가장 큰 장점은 분명하다. 수십만 평에 이르는 정원을 시간 제한 없이 충분히 즐길 수 있다는 점이다. 정원 내부나 바로 인접한 위치에 숙박 시설이 들어설 경우, 이는 일반적인 도심 호텔과는 비교할 수 없는 경쟁력을 갖게 된다. 숙박객에게는 '개장 시간과 무관하게 정원을 누릴 수 있는 특권'이 주어지고, 이는 자연스럽게 체류 시간 증가, 지역 소비 확대, 입장권 및 숙박 패키지 상품 개발이라는 선순환 구조로 이어질 수 있다.

만약 민간 투자자가 적극적으로 나서지 않는다면, 시민 주주를 모집해 민·관 합작 투자 법인을 설립하는 방식도 충분히 검토할 수 있다. 국가 정원이라는 공공 자산을 기반으로 시민이 지분을 보유하고 배당을 받는 '시민 리조트 모델'은, 재정 부담을 줄이면서도 지역 자본이 순천에 머물게 하는 새로운 실험이 될 수 있다. 체류형 관광은 선택이 아니라, 국가 정원의 지속 가능성을 담보하는 핵심 전략이다.

## '도시 거실'이 되는 정원, 콘텐츠를 채우다

현재 국가 정원 내부에는 간단한 식사를 해결할 수 있는 식당과 간이 매점은 있지만, 국가 정원의 위상에 걸맞은 가든 레스토랑이나 품격 있는 카페테리아는 부족한 편이다. 방문객 수에 비해 머무르며 소비할 수 있는 공간과 콘텐츠는 상대적으로 제한적이다.

정원이 진정한 의미의 '도시 거실'이 되기 위해서는 관광객뿐 아니라 순천 시민이 일상적으로 찾고 머무르고 싶은 공간이 되어야 한다.

순천만 국가정원 박람회 행사장.

이를 위해 정원 내·외곽에 정원을 조망할 수 있는 레스토랑, 분위기 있는 카페와 가든테리아, 소규모 라이브 공연이나 전시가 가능한 문화 공간을 단계적으로 확충할 필요가 있다. 단순한 편의 시설이 아니라, 반복 방문을 유도할 수 있는 콘텐츠가 핵심이다.

이러한 시설은 관광객만을 대상으로 해서는 안 된다. 점심이나 저녁 식사를 위해 일부러 찾는 시민, 주말에 가족이나 연인과 함께 차를 마시러 오는 시민이 자연스럽게 유입될 수 있어야 한다. 그래야 국가 정원이 '한 번 가 보고 끝나는 관광지'가 아니라, 일상 속 공간으로 인식되기 시작한다.

이를 뒷받침하기 위해 정원 외곽에 충분한 주차 공간을 확보하고, 입장권·주차·식사·카페 이용을 하나로 묶은 패키지 모델도 고민해 볼 필요가 있다. '입장료를 내고 억지로 들어가는 정원'이 아니라, '식사하러, 커피 마시러, 산책하러 겸사겸사 들르는 정원'으로 인식이 바뀔 때 비로소 지속 가능한 운영이 가능해진다.

## 이동이 곧 수익, 순환 동선을 재설계하라

순천만 국가 정원은 면적만 놓고 보면 남이섬이나 다수의 민간 정원

보다 훨씬 넓다. 남이섬이 약 46만㎡, 둘레 6km 수준임을 감안하면, 순천만 국가 정원은 그 몇 배에 이르며 동·서·남·북이 완전히 다른 테마로 구성돼 있다. 이 넓이는 분명 강점이지만, 동선이 제대로 설계되지 않으면 관람의 피로도를 높이는 약점이 될 수도 있다.

순천만 국가 정원의 절반 규모인 제주랜드의 경우, 정원 전체를 관람하는 거의 유일한 방법이 관람열차 탑승일 정도로 열차를 핵심 동선으로 활용하고 있다. 전국적으로 관람열차를 운영하는 관광지는 이미 수없이 많고, 상당수가 안정적인 수익 모델로 자리잡았다.

2016년 무렵 순천만 국가 정원에서도 관람 열차 도입이 검토된 바 있었지만, 여러 이유로 본격 도입까지 이어지지는 못했다.

현재 운영 실태를 보면, 성수기에는 관람 버스를 타기 위해 1시간 이상 대기해야 한다는 민원이 반복되고 있다. 차량 동선과 환경 영향, 초기 투자 부담 등의 이유로 관람열차 증편이 쉽지 않다는 설명이 뒤따르지만, 아이러니하게도 관람 열차·순환 열차는 국가정원 내에서 몇 안 되는 운영 흑자 프로그램으로 알려져 있다.

스카이큐브 역시 재검토가 필요하다. 애초 국가 정원과 순천만 습지를 친환경적으로 연결하겠다는 취지로 도입됐지만, 현재는 순천문학관까지만 운행되고 있다. 이제는 과거의 시행착오를 반복할 것이 아니라, 이미 설치된 인프라를 최대한 활용해 국가 정원-문학관-습지를 하나의 순환 코스로 재구성해야 한다.

지역 주민과 환경 단체와 충분히 협의하면서 스카이큐브 종착역을 단계적으로 습지까지 연장하고, 일부 구간에는 레일바이크 같은 체험형 콘텐츠를 도입하는 방안도 검토할 수 있다. 중요한 것은 "이미 깔려 있는 인프라를 어떻게 활용해 체류 시간과 소비를 늘릴 것인가"라는 관점이다. 이동 동선을 수익 동선으로 바꿀 때, 국가 정원은 비로소 재정 부담의 대상이 아니라 도시의 지속 가능한 자산으로 거듭날 수 있다.

# 4. 지나치는 도시, 머무는 도시

## 도시를 스쳐 가는 관광객들

순천은 이미 남해안권을 대표하는 문화·관광 거점 도시로 성장할 수 있는 충분한 조건을 갖추고 있다. 순천만과 순천만 국가 정원, 낙안읍성, 송광사·선암사로 대표되는 산사 문화유산은 물론, 국보·보물·사적·명승 등 국가·도 지정 문화재만 놓고 보더라도 전국 상위권에 속한다. 특히 송광사와 선암사 일대에는 불교 문화, 자연 경관, 역사 자원이 밀집해 있어, '산사·정원·읍성·습지'가 한 도시 안에 공존하는 매우 드문 사례다. 이런 자산 구성은 국내에서도 찾기 힘든 순천만의 경쟁력이다.

그럼에도 불구하고 현실의 관광 동선을 살펴보면 순천은 여전히

'반나절 관광 도시'에 머물러 있다. 관광객 상당수는 낙안읍성이나 국가 정원을 둘러본 뒤 숙박과 야간 관광을 위해 여수로 이동한다. 순천에서 점심을 먹고, 저녁은 여수에서 '여수 밤바다'를 즐기는 패턴이 이미 고착화돼 있다. 이 과정에서 순천은 관광객을 유치하고도 숙박·야간 소비·체험형 관광이라는 가장 중요한 부가가치를 타 지역에 넘겨주고 있는 셈이다.

이 구조가 지속되는 한, 순천의 관광 산업은 양적 성장에도 불구하고 질적인 도약을 이루기 어렵다. 이제 순천은 '잠깐 들르는 도시'가 아니라, 머물며 소비하고 경험하는 관광 거점 도시로 전환해야 한다. 이를 위해서는 단순히 관광지를 늘리는 방식이 아니라, 숙박 인프라 확충, 야간 관광 콘텐츠 개발, 도심과 정원·습지를 연결하는 종합적인 관광 동선 재편이라는 구조적 접근이 필요하다.

## '체류형 관광 거점 도시'로의 방향 전환

순천을 체류형 관광 거점 도시로 만들자는 논의는 어제오늘의 이야기가 아니다. 내가 처음 시의원에 당선됐던 2002년에도 이미 "순천에서 하루는 자고 가게 만들어야 한다"는 이야기가 반복적으로 나왔다.

당시에는 순천만 습지와 국가 정원 같은 대규모 도심 관광지도 거의 없었고, 관광 자원도 지금보다 훨씬 제한적이었다.

그 시절 관광 분야 업무 보고를 살펴보면 연간 관광객 수는 200만~300만 명 수준에 불과했다. 그로부터 20여 년이 지난 지금, 순천은 연간 관광객 1천만 명 시대에 접어들었다. 도심권 관광지가 대폭 확충됐고, 외형적인 관광 성과는 눈에 띄게 성장했다. 그러나 관광객 증가 속도에 비해 체류 여건과 관광 수용 태세는 근본적으로 달라졌는지 되돌아볼 필요가 있다.

2013년 국제 정원 박람회를 기점으로 순천만 국가 정원, 드라마 촬영장, 동천과 도심 재생 사업 등이 추진되면서 순천은 전국적인 관광 도시로 이름을 알렸다. 하지만 관광객 수 증가가 체류 일수 증가와 관광 수입 확대로 자연스럽게 이어졌는지는 냉정하게 평가해야 한다. 여전히 관광의 중심은 낮 시간대에 머물고 있고, 숙박·야간·문화 소비 인프라는 충분히 뒷받침되지 못하고 있다. 이제는 숫자 중심의 성과를 넘어, 관광의 질과 구조를 바꾸는 방향 전환이 필요하다.

## 순천관광공사 설립, 관광 행정의 판을 바꾸자

순천이 체류형 관광 도시로 가겠다는 계획은 오래전부터 반복돼 왔지만, 실제 정책과 행정 조직에서 이를 일관되게 추진할 수 있는 체계는 부족했다. 가장 큰 한계는 관광 행정을 전담하는 조직과 인사 구조다. 관광과, 순천만관리센터 등 주요 부서 공무원들은 잦은 순환 보직으로 인해 전문성을 축적하기 어렵고, 중장기 관광 전략을 지속적으로 추진하기 힘든 구조에 놓여 있다.

결과적으로 '도시 전체를 관광 산업의 관점에서 설계할 사람'이 행정 내부에 존재하지 않는 상황이 반복되고 있다. 인근 지자체 중에는 관광 전문 인력을 계약직으로 채용해 전략·브랜딩·마케팅을 전담시키는 곳도 있고, 관광·마이스(MICE)를 전담하는 관광공사나 관광재단을 설립해 외부 전문가를 적극 영입하는 사례도 늘고 있다.

순천 역시 이제는 '순천관광공사(가칭)' 설립을 본격적으로 검토해야 할 시점이다. 관광공사는 도시 전체 관광 전략 수립, 숙박·야간 관광·축제·컨벤션 통합 기획, 국내외 마케팅, 민간 투자 및 콘텐츠 기업 유치를 전담하는 전문 조직이 될 수 있다. 공무원 조직으로는 한계가 있는 장기 기획과 과감한 투자, 민간 협력을 가능하게 하는 허브 역할이 절실하다.

## 반값 숙박비 지원, 전남권 관광 베이스캠프 전략

전남의 한 군에서는 반값 여행 지원 사업을 시행해 체류형 관광 활성화에 뚜렷한 성과를 거두고 있다. 일정 금액 이상 소비를 조건으로 여행비의 50%를 지원하는 방식인데, 관광객 유입은 물론 지역 상권 소비까지 함께 늘어나는 효과를 만들어 냈다.

관광 성수기에는 방이 없어 고민이고, 비수기에는 손님이 없어 고민이라는 말은 관광업계의 오래된 현실이다. 반값 숙박비 지원 사업은 이러한 구조적 문제를 완화하고, 숙박 수요를 분산시키는 데도 효과적이다. 특히 예약 문화가 정착되면서 숙박업계의 경영 안정성에

MBC 뉴스 대담. (2025)

도 긍정적인 영향을 미칠 수 있다.

순천은 지리적으로 전남 동부권 관광의 중심에 위치해 있다. 순천에 숙박하면서 여수·광양·보성·구례 등 인근 도시를 하루 코스로 다녀오는 '관광 베이스캠프' 역할을 수행하기에 최적의 조건을 갖추고 있다. 이를 현실화하기 위해서는 순천형 반값 숙박비 지원 사업을 도입하고, 체류를 유도하는 정책적 장치를 적극 마련할 필요가 있다.

## 와온~화포 남도 300리길, 해안 관광의 새로운 축

그동안 순천의 관광 개발과 예산 투자는 국가 정원 중심으로 집중돼 왔다. 반면 남해안 관광 벨트의 핵심 자산인 해안 경관과 연계 관광은 상대적으로 소외돼 왔다. 순천 구간의 해안 조망 도로는 연결성이 부족하고, 순천만 습지 접근 역시 제한된 동선에 의존하고 있는 것이 현실이다. 관광객의 선택지를 넓히기 위해서는 동선의 다변화가 필요하다.

와온에서 화포까지 순천만 습지를 훼손하지 않는 범위 내에서 해안 경관을 즐길 수 있는 길을 조성하고, 걷기·마라톤·자전거가 가능한 방풍림형 도로를 만드는 방안을 적극 검토해야 한다. 남승룡 마라톤 대회가 25년 넘게 이어져 왔음에도 상징적인 코스 하나 없는 현실 역시 개선이 필요하다. 이 구간을 중심으로 마라톤·걷기·자전거 축제를 연다면, 순천은 남해안권에서 차별화된 해안 관광 도시로 도약할 수 있다.

## 순천만생태문화교육원, 마이스(MICE) 거점으로 재정비해야

순천만 국가 정원 인근에 위치한 '순천만생태문화교육원'은 전라남도교육청과 순천시가 함께 조성한 복합 시설이다. 명칭은 교육원이지만, 실제 시설 규모와 기능은 대규모 회의·공연·전시가 가능한 컨벤션센터에 가깝다. 광주의 김대중컨벤션센터와 비교해도 손색이 없다는 평가가 나오는 이유다.

그러나 개원 당시부터 가장 큰 한계로 지적됐던 숙박 시설 부재 문제는 지금까지 해결되지 않았다. 장만채 당시 교육감이 호텔 병행 건립을 제안했지만, 용도지역과 예산 문제 등을 이유로 무산됐다. 이후에도 주변 숙박 시설 유치를 위한 전략적 접근은 부족했고, 개원 10년을 앞둔 지금까지도 '반쪽짜리 컨벤션'이라는 평가를 받고 있다.

운영 방식 역시 재검토가 필요하다. 컨벤션 전문 기관 위탁 운영이 논의됐음에도 공무원 중심 운영 체계가 유지되면서, 시설 활용률은 낮고 비어 있는 시간대가 많은 상황이다. 이제라도 운영 실태와 구조적 문제를 정확히 진단하고, 전문 운영 인력 도입과 인근 호텔 유치를 통해 마이스 산업 거점으로 재정비해야 한다. 이는 순천 관광의 체류 시간과 소비 구조를 바꾸는 핵심 열쇠가 될 수 있다.

## 순천왜성을 국가 사적으로 승격시키자

지난 12월엔 해룡 신성포를 찾아서 주민들과 간담회를 가졌다. 남해안권 관광 벨트 사업으로 조성되던 순천왜성 주변이 사업 종료 이후 토지 매입이 계획대로 되지 않아 지금은 관리가 되지 않고 방치되다시피 하여 생활상의 불편이 크다는 주민들의 호소를 들었다. 결국 예산의 문제인데 도비와 시비만으로는 현실적으로 어려움이 있어 국비 지원이 절실한 상황이다.

순천왜성.

주민들의 이런 어려움을 해결하기 위해 준비한 '순천왜성 국가 사적 승격 및 보존 사업 지원 촉구 건의안'이 결국 도의회 상임위를 통과했다.

순천왜성은 정유재란 당시 일본군이 축조한 성이지만 우리 선조들의 희생과 저항이 서린 역사적 공간이자 임진왜란. 정유재란 연구에 핵심적인 유적이다. 전라도에서는 유일하게 성곽이 단절되지 않은 채 원형에 가깝게 보존되어 있어 사료적 가치도 매우 크다.

국가 사적으로 관리해 오다가 김영삼 정부에서 지방 문화재로 격하되어 체계적으로 복원과 정비가 어려운 상황에 처해 있는데 이번 건의안을 계기로 정부가 보존과 활용을 위한 종합적인 대책을 세울 것을 기대하고 있다.

## 5. 예향 순천의 회복을 위한 문화 행정 재설계

### 2030 예향 순천 회복을 목표로

내가 어릴 적만 해도 순천은 자연스럽게 '예향(藝鄕)'으로 불리던 도시였다. 특정한 행사가 없어도, 도시 전체에 예술의 기운이 흐르고 있다는 느낌이 있었다. 그러나 요즘 순천을 바라보면, 그때와는 사뭇 다른 풍경이 느껴진다. 도시가 전반적으로 조용해졌고, 문화적 활기도 예전만 못하다는 이야기를 시민들로부터 자주 듣는다.

실제로 이런 하소연도 어렵지 않게 접할 수 있다.

"20~30년 전만 해도 여수 사람들이 순천은 문화 행사가 많아서 부럽다고 했어. 그런데 요즘은 오히려 집에서 TV로 여수 문화 행사 광고를 보고 있으면 답답하고, 솔직히 화가 나."

이런 말이 결코 과장처럼 들리지 않는다. 많은 시민들이 겉으로 드러내놓고 말하지 않을 뿐, 순천의 문화적 분위기가 예전과 달라졌다는 사실을 체감하고 있을 것이다. 문화 예술 분야에 대한 새로운 투자와 실험은 눈에 띄게 줄었고, 그 결과 '예향 순천'이라는 정체성도 점점 희미해진 느낌이다.

이런 흐름 속에서 순천의 문화 예술을 이끌어야 할 핵심 기관들이 제 역할을 하지 못하고 있다는 지적도 잇따른다.

이제는 단발성 행사 몇 개로 '문화 도시'를 이야기할 수 있는 시대가 아니다. 순천의 문화 예술을 구조적으로 되살리기 위한 중장기 설계가 필요한 시점이다.

그래서 나는 *'2030 예향 순천' 회복을 목표로 하는 문화예술발전 5개년 계획*을 수립해야 한다고 생각한다. 방향은 분명하다. 새로운 시설을 더 짓는 것이 아니라, 콘텐츠와 사람을 키우는 전략으로 전환해야 한다.

### 시설이 아니라, 문화 소프트웨어가 필요한 시점

문화 예술과 관련해 시민들의 불만이 나오면, 대개 결론은 "문화예술회관 같은 시설이 부족해서 그렇다"는 이야기로 귀결되곤 한다. 그러나 나는 이 진단에 동의하지 않는다. 순천에는 이미 일정 수준의 문화 시설이 갖춰져 있다. 문제의 핵심은 건물이 아니라, 그 안을 채우는 운영 방식과 프로그램, 즉 문화 소프트웨어에 있다.

내가 시의원으로 활동하던 시절만 해도 뮤지컬과 오페라를 직접 제작하고 공연한 경험이 있다. 그때는 가능했는데, 지금 그것이 불가능할 이유는 없다. 오히려 지금은 기술과 인력, 시민들의 문화적 눈높이 모두 훨씬 높아졌다. 활용 방식과 기획력이 문제일 뿐이다.

우선은 현재 있는 시설을 고칠 것은 고쳐 쓰고, 흩어져 있는 자원을 연결해 기능을 제대로 살리는 것이 순서다. 프로그램이 살아나고 시민 참여가 늘어나 "이제는 더 좋은 시설이 필요하다"는 공감대가 형성된다면, 그때 확충을 논의해도 늦지 않다. 그에 앞서 반드시 해야 할 일은 문화 예술 행정 전반에 대한 총체적인 점검이다. 지역 예술인과 동호인, 그리고 관객이자 향유자인 시민들이 무엇을 원하고, 무엇에 불편을 느끼는지부터 다시 묻는 과정이 필요하다.

문화는 행정이 일방적으로 공급하는 대상이 아니라, 시민과 예술인이 함께 만들어가는 생태계다. 지금 순천에 필요한 것은 새로운 건물이 아니라, 무너진 생태계를 다시 일으키는 정교한 전략이다.

### 예향 순천을 되살리기 위한 실행 구조의 전환

예향 순천을 다시 세우려면, 선언이 아니라 실행 구조부터 바꿔야 한다. 첫째, 순천문화재단 대표는 예술 행정·문화 경영 전문가를 영입해야 한다. 문화재단은 단순히 행사를 대행하는 조직이 아니라, 지역의 창작·유통·교육·향유를 유기적으로 연결하는 플랫폼이어야 한다. 대표를 중심으로 5개년 발전 전략을 설계하고, 예산·인력·시설을 엮어 성과가 누적되는 구조를 만들어야 한다.

둘째, 낙안읍성, 문화예술회관, 순천문학관, 뿌리깊은나무박물관,

기독교역사박물관 등 주요 문화 시설은 "건물은 있는데 운영 전문성이 부족하다"는 지적을 반복적으로 받고 있다. 공무원이 현상 유지에 머무르는 방식으로 운영하는 데는 분명한 한계가 있다. 문화 시설을 단계적으로 문화재단으로 이관하고, 분야별 전문 경영 체제로 전환해 기획·홍보·교육·관람 서비스가 유기적으로 돌아가도록 해야 한다.

셋째, 창작 예술 활성화 지원은 선택 사항이 아니다. 전라도에서 탄생한 판소리는 대한민국을 대표하는 무형문화재이고, K-Pop은 세계적인 음악 장르로 성장했다. 지역을 소재로 한 창작 작품은 단기간 성과가 없더라도 꾸준히 발굴하고 지원해야 한다. 어느 작품이 어느 순간 '비가 되어 내릴지'는 누구도 예측할 수 없다. 문화 예술은 연구개발과 닮아 있다. 단기 성과만을 기준으로 지원을 중단하는 순간, 지역의 창작 기반은 급속히 약화된다.

넷째, 도심 지역 상설 공연장 운영을 제안한다. 순천이 판소리의 본고장이라고 말하면서도, 정작 일상에서 소리꾼을 만나기 어렵다는 현실은 모순이다. 시립 극단이 창단된 지 30년이 넘었지만 전용 극장 없이 연 1~2회 발표회에 그치는 현실도 아쉽다. 도심에 판소리·연극·클래식·창작 공연을 365일 관람할 수 있는 상설 공연장을 마련해, 시민의 문화 향유 기회를 넓히고 지역 예술인에게는 안정적인 활동 무대를 제공해야 한다. 이는 체류형 관광과 도심 활성화에도 직접적인 도움이 될 것이다.

## 자율성과 생태계를 존중하는 문화 행정으로

마지막으로 강조하고 싶은 것은 문화 예술 행정의 태도다. 문화예술은 본질적으로 행정의 소유물이 아니다. 시민의 세금으로 운영된다고 해서, 행정이 생색을 내거나 과도하게 간섭하고 통제하려 해서는 안 된다. 관변 단체든, 보조금을 받는 문화 예술 단체든, 창작의 자율성이 보장되지 않으면 건강한 활동은 불가능하다.

NGO는 NGO대로, 관변 단체는 관변 단체대로, 문화 예술 단체는 문화 예술 단체대로 각자의 영역에서 자율적으로 움직일 수 있는 생태계를 만드는 것이 중요하다. 이것은 제도의 문제가 아니라, 시장의 철학과 의지의 문제다. 시장이 어떤 자세로 문화 행정을 펼치느냐에 따라, 지금까지 이어져 온 갈등과 분열은 충분히 화합과 통합으로 바뀔 수 있다.

문화원장이나 각종 문화 기관장 인선을 둘러싸고, 마치 특정 세력의 소유물처럼 인식하고 장악하려는 시도 역시 갈등을 키워 왔다. 문화 예술은 지원의 대상이지, 통제의 대상이 아니다. 선거 때마다 '시장파·반시장파'로 갈라지는 구조는 문화 생태계를 피폐하게 만들 뿐이다.

예향은 선언으로 회복되지 않는다. 사람이 모이고, 창작이 이어지고, 무대가 열리고, 시민이 일상에서 문화를 누릴 때 비로소 도시의 문화는 살아난다. 순천은 다시 그 길로 갈 수 있다. 지금 필요한 것은 의지와 설계, 그리고 실행이다. 정해 주는 문화가 아니라, 시민이 함께 만들어가는 문화 생태계. 그것이 '예향 순천'을 되살리는 유일한 길이다.

# 6. 신대·선월지구 개발 이익 환수, 끝까지 묻는다

## 20년간 묻힐 뻔한 질문

순천 동쪽 끝, 순천만과 광양만을 잇는 길목에 넓게 펼쳐진 신대지구는 원래 논밭과 습지가 섞여 있던 농촌이었다. 지금은 순천과 광양, 여수 세 도시의 경계에 자리한 신도시로, 순천 시내와 광양 도심, 여수 산업 단지를 잇는 교통 축이 만나는 지점에 위치해 있다. 순천역에서 차로 15~20분가량 서쪽으로 달리면, 해룡면 일대에 빽빽이 들어선 아파트 단지와 상가, 학교들이 끝없이 이어지는 풍경이 바로 신대지구다.

이곳은 광양만권 경제 자유 구역 안에 포함된 택지 개발 지구로, 순천·광양·여수로 출퇴근하는 직장인들과 젊은 세대가 대거 유입되

개발이익 환수를 촉구하는 피켓 시위.

면서 순천 동부 생활권의 중심으로 떠올랐다. 20년 전만 해도 들녘과 비닐하우스가 대부분이던 곳이, 지금은 1만 2천 세대가 넘는 아파트와 대형 상가, 학교, 공원이 들어선 거대한 주거지로 바뀌었다. 겉으로 보기에는 "성공한 신도시"처럼 보이지만, 그 이면에는 누가, 얼마나, 어떤 방식으로 이익을 가져갔는지에 대한 질문이 여전히 남아 있는 곳이기도 하다.

"개발 이익은 누구의 것이어야 하는가?"

신대지구 개발 이익 환수 문제를 처음 꺼낸 것도, 결국 같은 생각에서였다. 신대지구는 20년 넘게 진행된 장기 사업이다. 택지 조성, 아파트 분양, 각종 기반 시설 설치까지, 행정과 민간이 함께 얽혀 있는 전형적인 대규모 개발 사업이다. 아파트만 1만 2천 세대가 들어섰고, 분양은 사실상 완판이었다. 단순 계산으로 세대당 개발 이익을 1억만 잡아도 1조 2천억 원, 실제로는 2조 원 가까운 이익이 났을 것이라는 분석이 나올 정도다. 그 과정에서 민간 사업자가 이 사업을 발판 삼아 전국구 대기업으로 성장했다는 것은 이미 지역에서 널리 알려진 이야기다.

그런데 이처럼 막대한 민간 이익이 발생한 사업인데도 지역에 환수된 개발 이익은 사실상 '0원'에 가까웠다. 개발 부담금 징수 실적도 없고, 신대지구에서 발생한 막대한 이익이 순천과 전남 동부권의 인프라, 교육·문화·복지에 체계적으로 재투자됐다는 흔적도 찾기 어려웠다. 공공의 인허가와 행정 절차를 거쳐 추진된 사업인데, 그 성과가 지역 사회에는 거의 돌아오지 않았다는 것은 상식적으로 납득하기 어려운 일이었다.

## 선월지구 환수, 두 번째 실수는 없다

신대지구와 더불어 요즘 가장 많이 입에 오르내리는 곳이 바로 선월지구다. 선월지구는 순천 신도시권 끝자락, 신대지구와 맞닿은 배후 주거·상업지로 조성되고 있는 지역으로, 신대지구가 1단계라면 선월지구는 사실상 2단계 확장판에 가깝다. 택지 규모는 신대지구보다 작지만, 상업·업무시설과 공동 주택 용지가 함께 포함된 복합 개발지로, 신대지구와 연결되는 도로·생활권을 공유하면서 하나의 생활·경제권을 이루게 될 예정인 곳이다.

문제는 신대지구에서 개발 이익 환수가 사실상 0원에 머무른 상황에서, 선월지구 역시 같은 전철을 밟을 수 있다는 우려가 이미 현실로 드러나고 있다는 점이다. 선월지구 역시 광양만권 경제 자유 구역 내 사업으로 추진되면서, 공공이 인허가권과 각종 행정 지원을 제공하는 구조인데, 정작 개발 이익 환수와 공공 기여에 대한 명확한 기준과 계획은 부족하다는 지적이 이어지고 있다. 신대지구에서 한 번 놓친 개발 이익을 선월지구에서까지 또 놓친다면, 그때는 실수가 아니라 구조적 방치가 될 것이다.

개발 이익을 전부 공공이 가져와야 한다는 이야기가 아니다. 민간이 위험을 감수하고 사업을 추진한 만큼 정당한 수익을 올리는 것은 당연하다. 다만 최소한 일정 부분은 도로·공원·학교·문화시설 같은 생활 SOC와 공공 서비스 확충에 쓰였어야 한다. 그렇지 않으면 도로 정비나 기반 시설 유지 비용까지도 결국 시민 세금으로 메워야 한다. 이대로 가면 또 다른 신대지구가 생겨도 결과는 똑같을 수밖에 없다. 이 문제는 그냥 넘길 수 없다.

나는 도의원으로서 도정 질문과 언론 인터뷰, 방송 출연 등을 통해 집요하게 이 문제를 제기했다. 도정 질문 자리에서 "신대지구 개발 이익 환수 실적이 0원이라는 것이 말이 되느냐"고 공개적으로 물었고, "도민의 땅과 행정력이 투입된 사업에서 민간만 조 단위 이익을 남기고 지역은 남는 게 무엇이냐"고 되물었다. 그제야 지역에서도 하나둘씩 관심과 논쟁이 시작됐다.

## 환수 한푼 못하고도 '잠잠'

개발 이익 환수의 핵심은 시점이다. 행정이 가진 가장 큰 무기는 인허가권과 감독권이다. 이 권한은 사업 승인 전일 때 가장 강하다.

이재명 대통령이 성남시장 시절 대장동 개발에서 수천억 원대의 공공이익을 확보할 수 있었던 것도 그 지점을 놓치지 않았기 때문이다. 인허가를 내주기 전에 "이만큼의 개발 이익은 공공에 귀속시켜라, 이 비율만큼 임대 주택을 공급하라, 기반 시설 비용은 이 정도 부담하라"는 조건을 먼저 걸고 협상했기에, 이후 논란과 별개로 상당한 규모의 공공 환수가 가능했다. 그럼에도 "더 많이 환수했어야 한다"는 비판이 거세게 제기되었고, 지금까지도 정치적 공방의 대상이 되고 있다.

대장동의 경우는 수천억 원을 환수하고도 너무 적게 환수했느니, 계산이 다르니, 민간업자가 너무 많이 가져갔다느니 하면서 난리인데, 신대지구는 한푼도 환수하지 못하고도 아무 일이 없다는 듯 조용한 상황이다. 이런 모습을 보면 기가 막혀서 헛웃음이 나올 수밖에 없다. 그래서 나는 이렇게 말하고 싶다.

"더도 말고, 덜도 말고, 대장동만큼만이라도 환수하자."

누가 보더라도 과도하다고 비판받을 정도의 환수를 요구하자는 것이 아니다. 최소한, 대장동 사례에서 인정된 수준만큼이라도 공공

신대선월지구 이익환수 특위.

이 이익을 가져와야 하지 않겠느냐는 질문이다.

문제는 신대지구 사업이 개발 이익 환수에 관한 법령과 기준이 정교해지기 이전에 승인되었고, 이후에도 추가적인 환수 장치를 만들려는 의지가 부족했다는 점이다. 인허가 단계에서 공공 기여와 개발 부담을 명확히 정하지 못하니, 준공이 다 되어가는 시점에 "이제 이익을 내놓으라"고 말하는 것은 현실적으로 매우 어렵게 된다. 개발이익 환수는 사후에 도와달라고 구걸하는 문제가 아니라, 인허가 이전에 공정한 룰을 정하고 들어가는 문제다.

앞으로 순천과 전남에서 추진될 대규모 개발 사업은, 인허가 단계에서부터 개발 이익의 일정 비율을 공공에 환원하도록 조건을 명문화해야 한다. 그렇게 하지 않으면 행정은 민간 개발사의 이해만 챙겨주는 '허가 기계'로 전락하고, 시민은 늘 사후에 불만만 떠안는 구조가 반복될 것이다.

## 특별위원회 출범, 구조를 바꾸는 첫걸음

2025년 7월과 9월 도정 질문을 통해 묻힐뻔했던 신대지구 개발 이익 환수 문제를 제기하며 전남도, 순천시를 비롯해 많은 시민들의 공감을 얻은 바 있다. 하지만 이후 신대지구는 2025년 연말 준공이 2026년 내년 상반기로 미뤄지고 경자청은 도의회 감사 참고인 출석도 거부하고 순천시가 언론에 밝힌 50% 이익 환수는 요원해 보인다.

이 문제의 핵심은 민간 자본의 이익이 너무 과도하고 그 이익을 공유해야 할 주민들이 소외되고 있다는 점이다.

순천 신대·선월지구 개발이익 환수 문제를 제도적으로 다루기 위해 전라남도의회에는 '순천 신대·선월지구 개발 이익 환수 특별위원회'가 구성되었다. 이 특별위원회는 2025년 12월 정례회 본회의에서 구성 결의안이 의결되면서 공식 출범했고, 순천 지역구 신민호 의원이 대표로 설치를 제안했다.

특위는 순천 1선거구부터 8선거구까지 모든 순천 지역구 의원과 광양2선거구, 비례대표 의원을 포함해 총 10명으로 꾸려졌으며, 내가 특위 위원장을 맡고 순천5선거구 김진남 의원은 부위원장으로 선출되었다. 신대·선월지구 개발 과정과 개발 이익 구조를 전면적으로 점검하고, 공공 이익 환수 방안을 마련하는 일을 공식적인 의정 기구의 책임으로 끌어올린 첫 시도로 평가되고 있다.

개발 계획·실시 계획 수립과 변경 과정에서 행정 절차가 적법하게 이뤄졌는지, 광양만권경제자유구역청과 전라남도, 순천시가 각자 어떤 역할을 했고 어디까지 책임을 져야 하는지, 공공 기여·기부 채납·개발 부담금 등 이미 법령에 마련된 환수 장치들이 실제 현장에서 제대로 작동했는지를 살펴봐야 한다.

순천 신대·선월지구는 행정 기관의 결정으로 추진된 공공성이 강한 개발 사업임에도, 그 성과가 도민과 시민에게 충분히 환원되지 않았다는 문제 제기가 끊이지 않았다. 이제는 개발이 누구를 위한 것이었는지, 근본부터 되짚어봐야 한다.

개발 자체가 문제가 아니라, 개발 이익이 공정하게 배분되지 않는 구조가 문제다. 공공이 관여한 개발에서 발생한 이익은 반드시 공공과 지역으로 돌아와야 한다는 원칙을 분명히 세우겠다는 뜻이었다.

특별위원회는 선언적 비판에 머물지 않겠다고 약속했다. 이미 있는 조례와 법령을 실제 사업에 어떻게 적용할지, 추가로 어떤 제도 개선이 필요한지 구체적으로 따져 보겠다는 것이다. 필요하다면 광양만권경제자유구역청과 도·시의 관련 부서에 반복해서 보고를 요구하고, 개발 계획 변경 이력, 분양 수익 구조, 공공 기여 인정 기준 등을 하나하나 재검토해 나갈 계획이다. 민간 기업이 독점하고 있는 개발 이익이 반드시 시민들에게 돌아갈 수 있도록 최선을 다할 것이다.

## 환수는 단순한 돈 문제가 아니다

개발 이익 환수 문제를 두고 이제 와서 무엇을 할 수 있느냐는 회의적인 시선도 있다. 이미 아파트는 지어졌고, 분양도 끝났으며, 민간 기업은 성장의 발판을 마련했다. 그러나 나는 여전히 할 일이 남아 있다고 본다.

첫째, 준공과 사업 정산이 마무리되기 전까지 가능한 범위 안에서 재투자와 개발 부담금 징수 등 실질적인 환수 방안을 최대한 도출해야 한다.

둘째, 이번 사례를 계기로 앞으로의 모든 공공 개발 사업에 적용할 '전남형 개발 이익 환수 기준'을 마련해야 한다.

셋째, 무엇보다 개발 이익은 외부로만 빠져나가고, 지역은 부족한 인프라에 힘들어하는 구조를 더 이상 용인하지 않겠다는 사회적 합의를 만들어야 한다.

개발 이익 환수는 공정에 대한 문제 제기이자, 행정에 대한 신뢰, 그리고 지역의 자존심과 연결된 문제다. 신대지구를 통해 개발 이면에 숨은 이익 구조를 끝까지 추적하는 정치가 필요하다는 것을 다시 한 번 확인했다.

## 7. 정주를 넘어 산업으로, 순천의 생존 전략

### 도농 복합 도시 읍·면, 기본 소득의 사각지대

지금 대한민국에서는 인구 소멸 위기에 대응하기 위한 농촌 기본 소득·농어촌 기본 소득 제도를 법제화하려는 논의가 본격화되고 있다. 그런데 현행 논의 구조를 들여다보면, 기준 단위가 대부분 '군(郡) 단위 농촌'에 맞춰져 있고, 도농 복합 도시 안에 포함된 읍·면 지역은 제도 적용 대상에서 빠져 있는 경우가 많다. 이 지점에서 순천 같은 도농 복합 도시의 현실은 충분히 고려되지 못하고 있다.

순천은 전형적인 도농 복합 도시다. 도시 중심부에 행정·교육·문화·산업 인프라가 집중되는 동안, 같은 시에 속한 읍·면 지역은 지속적으로 소외되어 왔다. 역설적으로 군 단위 농촌보다 도농 복합 도시의 읍·면이 더 빠른 속도로 인구가 줄어들고, 각종 지원 사업과 정책 설계에서 반복적으로 배제되는 구조가 생겼다. 예산과 정책이 '시청이 있는 도시 중심'으로 몰려 있는 동안 읍·면은 그늘에 놓여 있었던 셈이다.

이런 구조를 그대로 둔 채 농어촌 기본 소득을 논의한다면, 순천의 읍·면 지역은 또 한 번 제도의 사각지대에 놓일 수밖에 없다. 따라서 농어촌 기본 소득 제도는 반드시 도농 복합 도시의 읍·면까지 포함하는 방향으로 설계되어야 한다. 이는 단순한 지방 보조금 차원의 문제가 아니라, 중앙 정치 무대에서 법과 제도를 고쳐야 할 과제다. 도농 복합 도시의 특수성을 반영해 '군 단위 + 도농 복합 도시 읍·면'을 함께 포괄하는 체계를 만들자는 요구는 충분히 설득력을 가질 수 있다.

나 역시 전라남도의회 본회의에서 "인구 2,000명 미만 소멸 위험 지역을 대상으로 농어촌 기본 소득을 시범적으로 실시하자"고 제안한 바 있다. 전남에는 2,000명 미만 면이 66곳, 1,000명 미만 면도 6곳에 이르며, 이 지역 주민 약 9만 5천 명에게 매월 15만 원을 지역 화폐로 지급해도 지방 소멸 기금으로 충분히 감당할 수 있다는 계산이 가능하다. 군 단위 농촌만이 아니라, 읍·면 단위 주민 개개인을 직접 지원해야 한다는 문제의식이 분명히 담겨 있다.

순천의 읍·면 지역은 결코 작지 않다. 해룡면 하나만 해도 인구가 6만 명에 이르며, 다른 읍·면 전체를 합친 것보다 규모가 클 정도다.

생활권과 인구 규모를 고려하면, 읍·면 기본소득이 도입될 경우 순천에서 혜택을 받을 수 있는 지역은 상당히 넓고, 그 파급 효과도 작지 않다. 결국 문제는 제도 자체가 아니라 의지와 설계다. 어느 범위까지를 농어촌·읍·면으로 정의하고, 어떤 재원을 어떤 방식으로 투입할 것인지에 대한 정치적 결단이 뒷받침되어야 한다.

농촌 중심지 활성화 사업과 도시 재생 사업으로 건물은 늘어나는데, 실제로 그 공간을 채울 주민이 사라지고 있다. 건물 위주의 SOC 투자만으로는 지방 소멸을 막기 어렵다. 주민에게 직접 돌아가는 농어촌 기본 소득이 지방 소멸 기금의 더 효율적인 사용 방식이 될 수 있다는 판단도 그 연장선에 있다. 순천의 읍·면 기본 소득 구상 역시 같은 문제의식 위에서 이해할 수 있다.

## 정주 기능 강화가 민생의 출발점이다

요즘 가장 심각한 문제는 민생이다. 순천은 앞으로도 정주 도시로서의 성격을 분명히 강화해야 한다. 역사적으로나 지리적으로 보더라도 순천은 전남 동부권의 중심 도시 역할을 해 왔고, 그 경쟁력의 핵심은 거대한 공장이 아니라 사람이 살기 좋은 도시, 즉 정주 기능에 있었다.

정주 기능이란 단순히 아파트가 많다는 뜻이 아니다. 교통망이 촘촘하게 연결되고, 교육·보육 인프라가 믿을 만하게 갖춰지고, 지역 의료 시스템이 일정 수준 이상을 유지하며, 쇼핑·문화·여가 공간이 균형 있게 배치된 도시 구조를 의미한다. 이러한 기능이 튼튼해야 시민들이 머물고, 소비하고, 가족을 꾸리고, 지역에 애착을 갖게 된다.

순천은 전형적인 정주·소비 도시이기 때문에, 무엇보다 이 기본 기능을 더 촘촘하게 다져야 한다. 읍·면 기본소득이 농촌·읍·면 주민의 최소한의 소득 안정망이라면, 정주 기능 강화는 도시 전체를 지탱하는 생활 인프라다. 소득이 버팀목이라면, 정주는 삶의 기반이다. 둘 중 하나만으로는 지속 가능한 도시를 만들기 어렵다.

일각에서는 "산업 시설이 많지 않으면 결국 베드타운으로 전락하는 것 아니냐"는 우려를 제기한다. 그러나 순천·여수·광양은 이미 하나의 생활권이자 산업권으로 긴밀하게 얽혀 있다. 산업은 분업 구조로, 생활은 공동체 구조로 재편되는 중이다. 광양은 철강, 여수는 석유 화학, 순천은 정주·교육·의료·문화 중심이라는 식의 단순한 삼분법으로는 현실을 설명할 수 없다. 실제로 율촌·세풍산단 일대는 행정 경계를 넘나들며 기업 활동이 이루어지고 있고, 하나의 기업이 세 도시 모두에 세금을 내는 경우도 있을 만큼 생활과 산업의 경계가 복잡하게 맞물려 있다.

따라서 순천은 '산업이 없는 도시'가 아니라, 산업과 생활을 연결하는 중심 도시로서의 역할을 강화해야 한다. 이를 위해서는 정주 여건을 먼저 확실히 갖추는 것이 선행되어야 한다. 교육·문화·주거·교통이 안정된 도시가 되어야, 광양과 여수의 노동자, 고흥과 보성의 청년들이 '살고 싶은 도시'로 순천을 선택할 수 있다. 사람이 모여야 도시가 살고, 도시가 살아야 산업도 다시 들어온다.

### 우주 항공·데이터 센터, 신산업으로 미래를 준비하다

기존의 석유 화학과 철강 중심 산업 구조는 이미 구조적 한계에 다다랐다. 탄소중립, 글로벌 공급망 재편, 인구 감소가 겹치면서 단순한 설비 증설이 아니라 구조 조정과 산업 재편이 불가피한 상황이다. 순천 역시 이러한 변화를 외면할 수 없다. 그래서 우주 항공을 비롯한 신산업을 전략적으로 유치하는 것이 필수 과제가 되었다.

고흥에 국가 우주항공산단이 조성되면, 단순 제조 공정뿐 아니라 연구·개발(R&D) 기능도 함께 움직이게 된다. 이때 순천은 충분한 경쟁력을 가질 수 있다. 연구 인력에게 중요한 것은 공장 부지가 아니라, 자녀 교육, 문화·여가, 의료·주거가 안정된 정주 환경이다. 이런 측면에서 순천은 우주 항공 산업의 연구·지원 거점, 생활·교육 거점으로 역할을 맡을 수 있다. 단순히 "공장이 어디 들어오느냐"가 아니라 "사람이 어디서 살아야 하느냐"의 문제에서 순천의 강점이 드러난다.

데이터 센터 역시 마찬가지다. 데이터 센터는 막대한 열과 전력을 필요로 하기 때문에 수도권에서는 입지 갈등이 잦다. 반면 순천은 상사댐·주암댐 등 풍부한 수자원을 활용한 냉각 방식, 수중 데이터 센터 같은 새로운 시도를 검토할 수 있는 여건을 갖추고 있다. 이미 전남 전체가 데이터 센터 유치 대상 지역으로 지정되어 있고, 일부 지자체에서는 재생 에너지·수열 냉각과 연계한 구상이 구체화되고 있다. 순천도 이 흐름에 맞춰 준비해야 한다. 단, 유치 자체가 목표가 되어선 안 된다. 전력·환경·지역 수용성, 그리고 지역 경제 파급 효과까지 종합적으로 설계해야 한다.

결국 최종 선택은 기업이 한다. 지방 정부는 기업이 선택할 수밖에 없는 조건을 만들어야 한다. 국가 차원의 법·제도 개선과 인센티브에 더해, 지방 정부 차원에서도 과감하고 창의적인 지원책이 필요하다. 예컨대 읍·면 기본 소득을 통해 농촌·읍·면의 인구 기반을 지키고, 정주 기능을 강화해 고급 인력이 머무를 수 있는 생활 환경을 만들며, 우주 항공·데이터 센터 같은 신산업을 유치해 미래 일자리를 창출하는 것. 이 세 가지 축이 동시에 맞물릴 때 순천은 단순한 정주 도시를 넘어, 미래 산업과 생활이 공존하는 중심 도시로 도약할 수 있다.

지역에 사는 것 자체가 자부심이 될 수 있도록, 평등한 기본소득과 새로운 산업 전략을 결합하는 상상력이 필요하다. 이것은 결국 복지 정책을 넘어 순천의 생존 전략이기도 하다. 사람을 지키고, 삶의 기반을 다지고, 미래 산업으로 길을 여는 것. 그 세 갈래 길이 한 번에 열릴 때, 순천은 '살기 좋은 도시'에서 '미래가 있는 도시'로 한 단계 더 나아갈 수 있다. ■

# 서동욱의 진심

**1쇄 발행** 2026년 1월 23일
**지은이** 서동욱
**펴낸이** 이재정
**디자인** 디자인스튜디오 앤썸
**펴낸곳** 도서출판 은빛

**출판등록** 2013년 4월 26일
**주소** 서울특별시 용산구 한강대로38가길 17, 201호
**전화번호** 070-8770-5100

**ISBN** 979-11-87232-60-5 03350